초판 2쇄 인쇄 | 2024년 11월 25일
초판 1쇄 발행 | 2024년 10월 30일

글·그림 | 박빛나
펴 낸 이 | 안대준
펴 낸 곳 | 유앤북
등   록 | 제 2022-000002호
주   소 | 서울시 중구 필동로 8길 61-16, 4층
전   화 | 02-2274-5446
팩   스 | 0504-086-2795

ISBN 979-11-988530-0-4 74700
ISBN 979-11-977525-0-6 (세트)

※ 이 책의 저작권은 〈유앤북〉에 있습니다. 저작권법에 의해 보호를 받는 저작물이므로
   무단 전제와 복제를 금합니다.
※ 잘못된 책은 〈유앤북〉에서 바꾸어 드립니다.
※ 여러분의 소중한 원고를 기다립니다. you_book@naver.com

우리 아이 **빵빵** 시리즈 14

바로 알고, 바로 쓰는
빵빵한 어린이 세계일주

유앤북

머리말

세계 시민으로 성장하는 데 도움을 주는
『빵빵한 어린이 세계일주』

이 책은 어린이들에게 세계 120개국의 지리, 문화, 역사, 경제, 기후 등 다양한 정보를 제공해 줍니다. 이러한 유익한 정보를 얻고 간접경험을 함으로써 어린이들은 다양한 사람들이 살고 있는 넓은 세상에 대해 바르게 이해하고, 지구촌에 대한 호기심을 가지게 됩니다.

이 책은 다음과 같은 좋은 점이 있습니다.

- **다문화적인 감수성과 공감 능력을 향상할 수 있습니다.**
  어린이들이 세계 여러 나라와 그곳에서 사는 사람들의 생활 방식, 전통, 가치관 등을 접하게 됨으로써 다문화적인 사고력이 향상됩니다. 이러한 사고력을 통해 타인을 존중하고 편견 없이 바라보며 공감할 수 있는 인격적 태도를 기르게 됩니다.

- **세계의 지리와 환경에 대하여 폭넓게 배울 수 있습니다.**
  어린이들이 이미 알고 있거나 잘 모르는 나라의 위치, 수도, 주요 도시, 지형, 자연환경 등에 대한 유용한 지식을 얻을 수 있습니다. 이러한 지식들은 사회 관련 교과 학습에 큰 도움을 주며, 폭넓은 상식도 갖출 수 있게 됩니다.

- **중요한 세계의 역사에 대해 알고 교훈을 얻을 수 있습니다.**
  여러 나라의 중요한 역사적 사건이나 발전 과정에 대하여 배움으로써 어린이들은 세계 역사의 흐름을 이해하고, 현재의 지구촌 문제가 어떤 것인지 알고자 하는 관심을 높일 수 있습니다. 또한 이를 통해 교훈을 얻고 올바른 역사관을 기르는 데 도움을 받을 수 있게 됩니다.

■ **세계 시민 의식을 함양할 수 있습니다.**

여러 나라의 사회, 정치, 경제, 문화 등에 대해 배움으로써 어린이들은 오늘날 지구촌 시대에 살아가고 있는 세계 시민으로서 가져야 할 다양성 존중 의식을 함양할 수 있습니다. 이를 통해 기후 위기, 난민 보호, 생명 존중 등에 대한 올바른 가치관을 형성하는 좋은 계기를 마련하게 됩니다.

■ **상상력과 창의력을 기를 수 있습니다.**

어린이들은 각 나라의 독특한 자연경관, 문화유산, 풍습 등을 배우면서 직접 그 나라에 가지 않더라도 상상력을 동원하여 새로운 환경을 그려볼 수 있습니다. 이러한 사고작용은 어린이들의 창의적 사고를 촉진해 줄 뿐 아니라, 다양한 표현 능력을 기르는 데에도 많은 도움을 주게 됩니다.

『빵빵한 어린이 세계일주』는 어린이들이 지금 자신이 살아가고 있으며, 또 앞으로 살아 나갈 넓은 세상과 다양한 사람들에 대해 폭넓게 이해하도록 도와줄 것입니다. 또한 이 책은 어린이들이 생명 존중, 자연생태계의 보존, 타인과의 공감, 다양성 존중, 문화의 계승과 발전 등 성숙한 세계 시민으로 성장하기 위해 갖추어야 할 올바른 가치관 형성에도 유익한 도움을 줄 것입니다.

"자, 넓은 세상을 향해 『빵빵한 어린이 세계일주』와 함께 떠나 봅시다!"

박 빛 나

차례

1장 아시아

001. 네팔 / 002. 대만 / 003. 대한민국 / 004. 라오스
005. 레바논 / 006. 말레이시아 / 007. 몽골 / 008. 미얀마
009. 방글라데시 / 010. 베트남 / 011. 사우디아라비아
012. 스리랑카 / 013. 시리아 / 014. 싱가포르
015. 아랍에미리트 / 016. 아제르바이잔 / 017. 아프가니스탄
018. 예멘 / 019. 요르단 / 020. 우즈베키스탄 / 021. 이라크
022. 이란 / 023. 이스라엘 / 024. 인도 / 025. 인도네시아
026. 일본 / 027. 조지아 / 028. 중국 / 029. 카자흐스탄
030. 카타르 / 031. 캄보디아 / 032. 쿠웨이트 / 033. 태국
034. 튀르키예 / 035. 파키스탄 / 036. 필리핀

2장 유럽

037. 그리스 / 038. 네덜란드 / 039. 노르웨이 / 040. 덴마크
041. 독일 / 042. 러시아 / 043. 루마니아 / 044. 룩셈부르크
045. 리투아니아 / 046. 모나코 / 047. 몰타 / 048. 바티칸
049. 벨기에 / 050. 북마케도니아 / 051. 불가리아
052. 스웨덴 / 053. 스위스 / 054. 스페인 / 055. 슬로바키아
056. 슬로베니아 / 057. 아이슬란드 / 058. 아일랜드
059. 알바니아 / 060. 에스토니아 / 061. 영국 / 062. 오스트리아
063. 우크라이나 / 064. 이탈리아 / 065. 체코
066. 크로아티아 / 067. 포르투갈 / 068. 폴란드 / 069. 프랑스
070. 핀란드 / 071. 헝가리

3장   아프리카

072. 가나 / 073. 나이지리아 / 074. 남아프리카공화국
075. 르완다 / 076. 리비아 / 077. 마다가스카르
078. 모로코 / 079. 모리셔스 / 080. 세네갈
081. 소말리아 / 082. 수단 / 083. 알제리 / 084. 에티오피아
085. 우간다 / 086. 이집트 / 087. 중앙아프리카공화국
088. 짐바브웨 / 089. 카메룬 / 090. 케냐 / 091. 코트디부아르
092. 콩고공화국 / 093. 탄자니아

4장   오세아니아

094. 뉴질랜드 / 095. 솔로몬제도 / 096. 호주 / 097. 통가
098. 파푸아뉴기니 / 099. 피지 /

5장   아메리카

100. 과테말라 / 101. 도미니카공화국 / 102. 멕시코
103. 미국 / 104. 바하마 / 105. 베네수엘라 / 106. 볼리비아
107. 브라질 / 108. 아르헨티나 / 109. 에콰도르
110. 엘살바도르 / 111. 온두라스 / 112. 우루과이 / 113. 자메이카
114. 칠레 / 115. 캐나다 / 116. 코스타리카 / 117. 콜롬비아
118. 쿠바 / 119. 파라과이 / 120. 페루

퀴즈 정답 ⋯ 258

1장

아시아에 있는 나라들

001. 네팔
002. 대만
003. 대한민국
004. 라오스
005. 레바논
006. 말레이시아
007. 몽골
008. 미얀마
009. 방글라데시
010. 베트남
011. 사우디아라비아
012. 스리랑카
013. 시리아
014. 싱가포르
015. 아랍에미리트
016. 아제르바이잔
017. 아프가니스탄
018. 예멘
019. 요르단
020. 우즈베키스탄
021. 이라크
022. 이란
023. 이스라엘
024. 인도
025. 인도네시아
026. 일본
027. 조지아
028. 중국
029. 카자흐스탄
030. 카타르
031. 캄보디아
032. 쿠웨이트
033. 태국
034. 튀르키예
035. 파키스탄
036. 필리핀

아시아 | 001

네팔
Nepal

수도 카트만두
언어 네팔어
화폐 네팔 루피
인구 약 2,967만 명

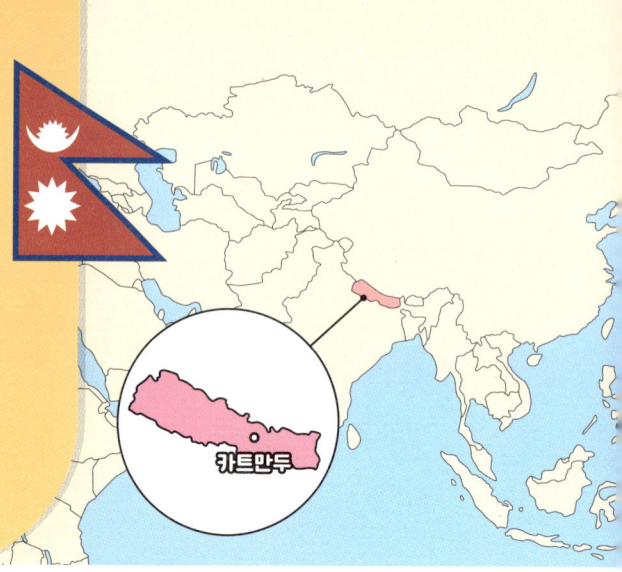

네팔엔 히말라야산맥이 있어. 세계에서 가장 높은 산인 에베레스트산이 여기 있지!

와, 진짜 높다!

세계에서 가장 큰 산 10개 중 8개가 네팔에 있대!

그래서 이 지역은 세계의 지붕이라고 불리지.

정말 지붕같이 생기긴 했네요!

국기를 색칠해요

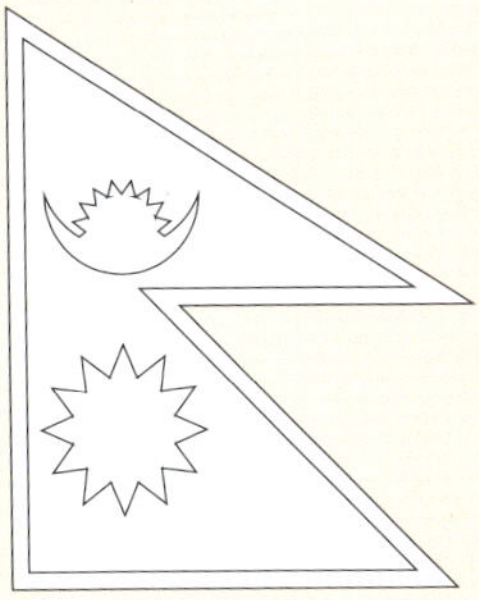

파란색은 평화, 빨간색은 승리와 용기를 의미해요.
전 세계에서 네모난 모양이 아닌 유일한 국기예요.

Q. 네팔에 있는 세계에서 가장 높은 산은?

ㅇㅂㄹㅅㅌㅅ

Q. 네팔 인구 80%가 믿는 종교는?

ㅎㄷㄱ

아시아에 있는 나라

아시아 | 002

대만
Taiwan

수도 타이베이
언어 중국어, 민난어
화폐 신타이완 달러
인구 약 2,385만 명

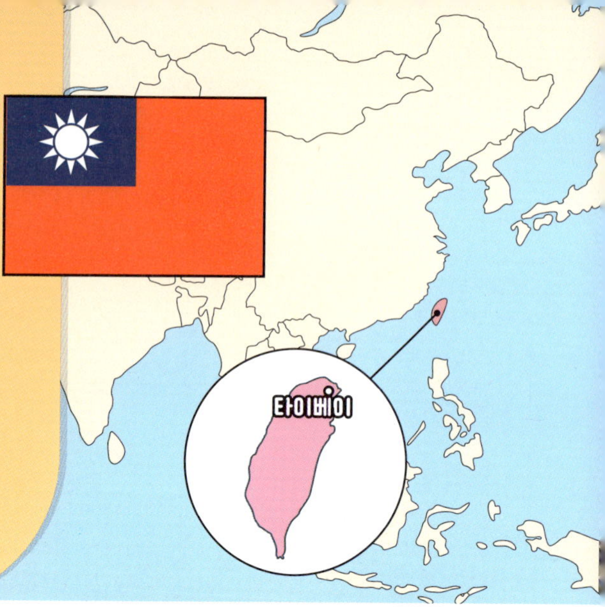

타이베이

대만은 중국과 일본, 필리핀 사이에 위치한 섬나라야.

고구마처럼 생긴 섬이네.

북부는 아열대 기후, 남부는 열대 기후를 가진 나라지.

파닥 파닥

수영하기 딱 좋은 날씨다.

뻘뻘

대만은 대도시를 제외하면 가파른 산맥과 울창한 숲이 있어.

위산산맥

그래서 사람들이 다 서쪽에 살고 있구나.

12 바로 알고, 바로 쓰는 빵빵한 어린이 세계일주

대만은 밀크티가 그렇게 유명하잖아요!

나도 마셔 보자!

시원해!

카아

저 빌딩이 '타이베이 101' 빌딩이야.

우와, 101층이나 되는 초고층 건물이네요!

국기를 색칠해요

파란색은 자유, 하얀색은 평등, 빨간색은 희생을 뜻해요. 빛줄기 12개에 열두 달 내내 국민들이 열심히 살라는 바람을 담았어요.

Q. 대만의 수도는?

ㅌㅇㅂㅇ

Q. 대만에서 유명한 음료는?

ㅁㅋㅌ

아시아에 있는 나라

아시아 | 003

대한민국
Korea

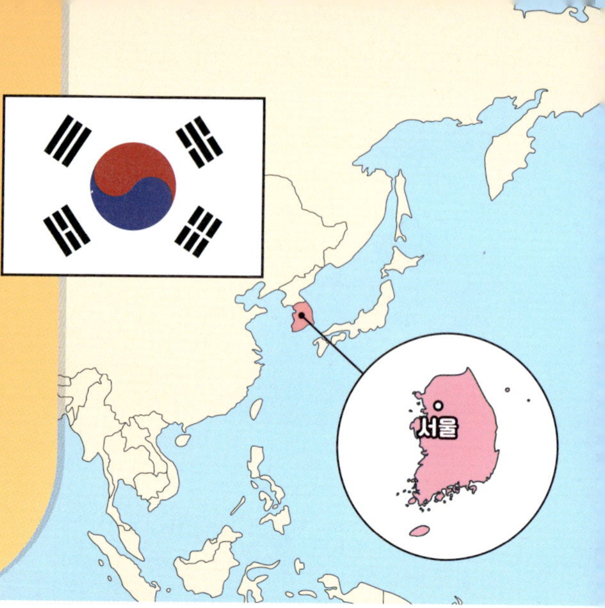

수도 서울
언어 한국어
화폐 원
인구 약 5,638만명

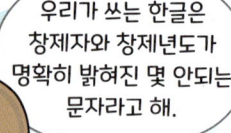

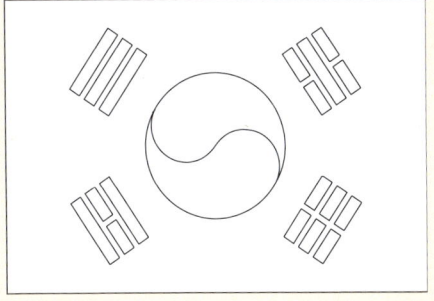

국기를 색칠해요

Q. 대한민국에서 사용하는 문자는?

ㅎㄱ

Q. 경복궁 정문의 이름은?

ㄱㅎㅁ

가운데 큰 태극 문양이 있어요. 파란색은 음을, 빨간색은 양의 조화를 나타내요. 네 모서리에는 하늘, 불, 물, 땅을 뜻하는 검은색 괘가 있어요.

아시아에 있는 나라

아시아 | 004

라오스
Laos

수도 비엔티안
언어 라오어
화폐 킵
인구 약 737만 명

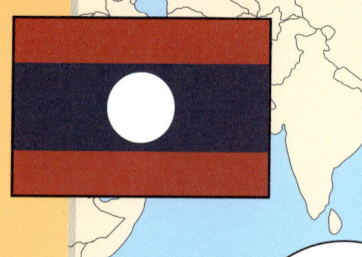

다음은 라오스야!

중국과 베트남, 캄보디아, 미얀마 사이에 끼어있어요.

동남아시아 국가들 중 바다에 닿지 않는 유일한 내륙 국가이지.

하지만 동남아시아에서 가장 큰 메콩강이 흘러!

진짜 큰 강이다!

메콩강

라오스는 메콩강, 정글, 산, 커피 농장 등을 자랑하지.

바로 알고, 바로 쓰는 빵빵한 어린이 세계일주

향긋한 커피가 명물이네요.

불교 사원이 진짜 많아요!

여긴 가장 유명한 불교 사원 '파 탓 루앙'이야.

이곳 불탑에는 부처님의 머리털과 가슴뼈가 들어있대.

진짜 뼈요?

아주 신성한 곳이겠네요.

국기를 색칠해요

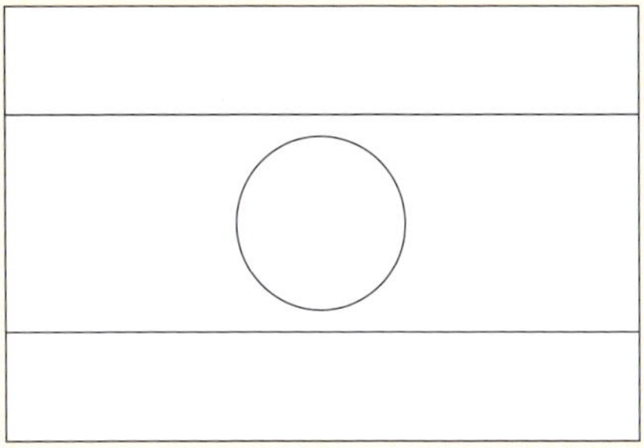

빨간색은 나라를 지키기 위해 흘린 피를, 파란색은 나라가 잘되는 것을 뜻해요. 하얀색 원은 국민의 순수한 마음과 건강을 상징해요.

Q. 라오스를 지나는 동남아시아에서 가장 큰 강은?

ㅁ ㅋ ㄱ

Q. 라오스의 가장 유명한 불교 사원은?

ㅍ ㅌ ㄹㅇ

아시아에 있는 나라

아시아 | 005

레바논
Lebanon

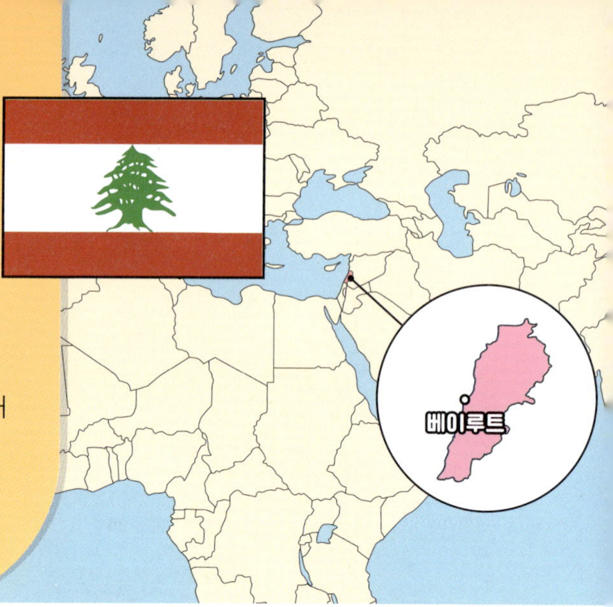

수도 베이루트
언어 아랍어, 영어, 프랑스어
화폐 레바논 파운드
인구 약 676만 명

베이루트

아시아 서부 지중해에 위치한 레바논이에요!

포도와 올리브가 많이 나지.

내가 좋아하는 포도!

백향목은 이 나라의 상징이야.

튼튼하고 품질 좋은 목재로 주변 강대국들에게 수출해왔지.

여기 국기에도 백향목이 있어요!

이곳엔 고대 로마 시대 유물인 베알베크 신전이 남아있어.

바로 알고, 바로 쓰는 빵빵한 어린이 세계일주

"예전엔 여기도 로마였다는 거네요?"

"멋지다."

"레바논은 이슬람교와 기독교를 믿는 다종교 국가이기도 해. 기독교 세력과 이슬람 세력 국가의 지배를 모두 받았기 때문이야."

"왔다 갔다 힘들었겠다."

"레바논은 1944년에 들어서야 완전히 독립하게 되었지."

국기를 색칠해요

빨간색은 나라를 위해 죽은 사람들, 하얀색은 평화를 나타내요.
가운데 나무는 레바논이 원산지인 백향목이에요.

Q. 레바논의 상징인 나무는?

ㅂㅎㅁ

Q. 로마 시대 유적으로 남겨진 신전 이름은?

ㅂㅇㅂㅋ

아시아에 있는 나라

아시아 | 006

말레이시아
Malaysia

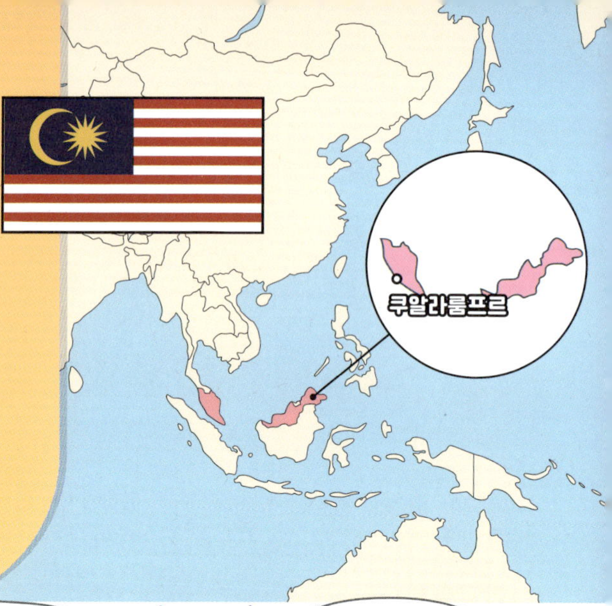

수도 쿠알라룸프르
언어 말레이어
화폐 링깃
인구 약 3,277만 명

우와, 저 건물은 뭐예요?

말레이시아의 랜드마크인 페트로나스 트윈 타워야.

세계에서 가장 높은 쌍둥이 빌딩이지!

이 건물을 짓는 데 우리나라 기업이 참여했다는 걸 알고 있니?

멋지다! 제가 다 뿌듯해요!

말레이시아는 세계에서 고무를 가장 많이 생산하는 나라이기도 해.

우리가 쓰는 고무가 여기서 나는 거구나.

국기를 색칠해요

파란색은 국민의 단결, 노란색은 왕실을 뜻해요. 하얀색과 빨간색 줄무늬 14개는 13개 주와 연방 정부가 함께 힘을 모으라는 뜻이에요.

Q. 말레이시아의 수도는?

ㅋㅇㄹㄹㅍㄹ

Q. 말레이시아에서 가장 많이 생산되는 것은?

ㄱㅁ

아시아에 있는 나라

아시아 | 007

몽골
Mongolia

수도 울란바토르
언어 몽골어
화폐 투그릭
인구 약 332만 명

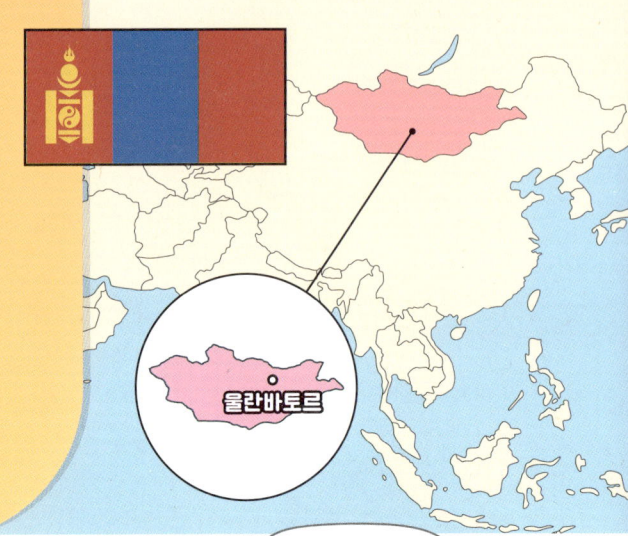

국기를 색칠해요

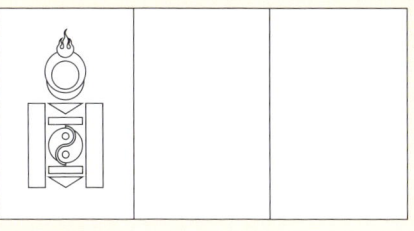

노란 문장은 몽골의 자유와 독립을 나타내요.
파란색은 나라에 대한 충성, 빨간색은 나라가 잘됨을 의미해요.

Q. 몽골의 수도는?

ㅇㄹㅂㅌㄹ

Q. 몽골 유목민이 사는 이동식 천막을 뜻하는 말은?

ㄱㄹ

아시아에 있는 나라

미얀마
Myanmar

수도 네피도
언어 미얀마어
화폐 챠트
인구 약 5,480만 명

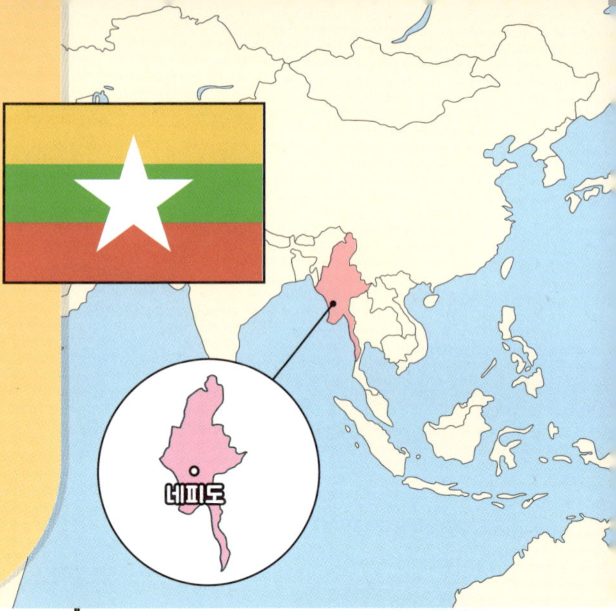

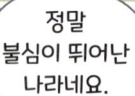
미얀마는 대표적인 불교 국가야. 인구의 약 90%가 불교를 믿거든!

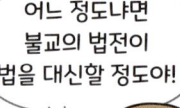
저기 엄청 높은 황금 불탑이 있어요!

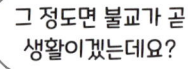
이 불탑은 '쉐다곤 파고다'라고 해.

무려 100미터의 높이를 자랑하는 황금 불탑이지.

정말 불심이 뛰어난 나라네요.

어느 정도냐면 불교의 법전이 법을 대신할 정도야!

그 정도면 불교가 곧 생활이겠는데요?

또 미얀마는 우리나라 3배 크기의 넓은 땅을 가지고 있어.

넓은 땅에서 루비와 쌀, 목재 등 자원이 아주 풍부하게 나고 있지.

특히 세계 루비의 90%를 생산하고 있지.

우와, 그렇게 자원이 많으면 부자 나라겠어요!

안타깝게도 오랫동안 지속된 독재와 나라의 문을 닫아서 가장 가난한 나라에 속해 있어.

네? 이렇게 멋진 나라인데 안타까워요.

국기를 색칠해요

노란색은 국민의 단결, 초록색은 평화, 빨간색은 용기를 의미해요. 하얀색 별은 하나가 됨을 상징해요.

Q. 미얀마에 있는 100미터 높이의 황금불탑의 이름은?

ㅅㄷㄱ ㅍㄱㄷ

Q. 미얀마에서 많이 나는 보석의 이름은?

ㄹㅂ

아시아에 있는 나라

국기를 색칠해요

초록색은 풍요로운 땅을 나타내요. 빨간색 원은 떠오르는 태양을 표현한 것으로, 방글라데시의 독립과 저항 정신을 의미해요.

Q. 방글라데시 정글 숲에 사는 호랑이의 이름은?

ㅂㄱ ㅎㄹㅇ

Q. 방글라데시에서 사용하는 언어는?

ㅂㅇ

아시아에 있는 나라

아시아 | 010

베트남
Vietnam

수도 하노이
언어 베트남어
화폐 동
인구 약 9,816만 명

우와, 이게 다 논이에요?

맞아. 베트남은 쌀이 많이 나는 나라야.

베트남 쌀국수! 저도 안다고요.

월남쌈도 너무 맛있지!

농촌 거주 인구가 전체 인구의 65%라고 해.

땅이 비옥해서 농산물이 잘 자라지.

공업보단 농업이 발달한 이유가 있네요.

국기를 색칠해요

빨간색 바탕은 혁명, 별의 뾰족한 끝은 각각 노동자, 농민, 지식인, 청년, 군인을 나타내요.

Q. 베트남에서 많이 나는 곡물은?

ㅆ

Q. 바다 위의 작은 섬들이 있는 베트남의 관광지는?

ㅎㄹ ㅂㅇ

아시아 | 011

사우디아라비아
Saudi Arabia

수도 리야드
언어 아랍어
화폐 사우디아라비아 리얄
인구 약 3,534만 명

"이슬람교를 만든 무함마드가 태어난 곳이 바로 메카지."

"매년 수많은 사람들이 찾아오는 곳이야."

"사람들이 여기를 왜 찾아와요?"

"이슬람교를 믿는 사람들은 일생에 한 번은 이 메카를 꼭 들러야 한다고 해."

"그렇구나!"

국기를 색칠해요

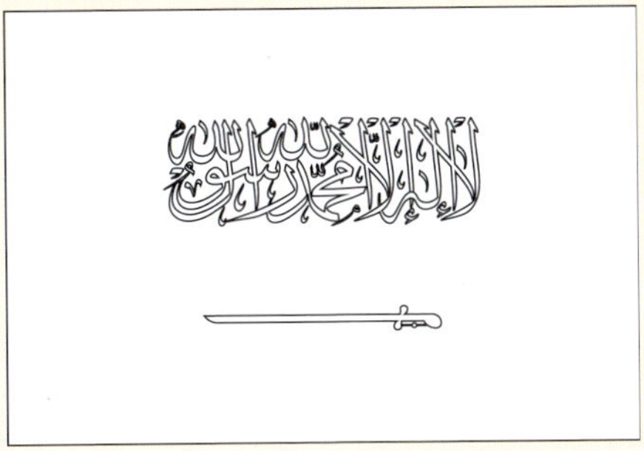

가운데 글자는 이슬람교의 신앙과 규범을 담은 경전 (코란)의 한 구절이에요.
칼은 이슬람 왕국을 세운 왕이 추가한 그림이에요.

Q. 사우디아라비아의 수도는?

ㄹㅇㄷ

Q. 이슬람교를 믿는 사람들이 일생에 한 번 꼭 들러야 하는 곳은?

ㅁㅋ

아시아에 있는 나라

아시아 I 012

스리랑카
Sri Lanka

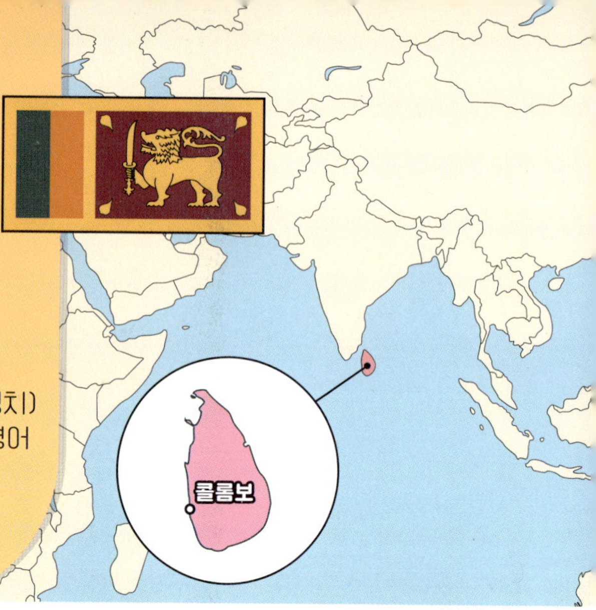

수도 콜롬보(행정)
스리자야와르데네푸라코테(정치)
언어 신할리즈어, 타밀어, 영어
화폐 스리랑카 루피
인구 약 2,149만 명

콜롬보

인도반도 남쪽에 위치한 섬나라, 스리랑카야!

엄청 덥고 습해요.

헥헥

스리랑카는 차를 많이 재배해.

찻잎을 발효해 만드는 홍차가 유명하지. 옛 나라 이름을 따서 '실론 티'라고 불러.

흐음, 향긋해!

스리랑카의 옛 이름이 '실론'이구나!

호로록

바로 알고, 바로 쓰는 빵빵한 어린이 세계일주

국기를 색칠해요

초록색과 주황색은 소수 민족을 나타내요. 네 모서리의 잎은 불교, 칼을 든 사자는 국민의 대부분인 신할리즈족을 나타내요.

Q. 스리랑카에서 나는 홍차의 이름은?

ㅅㄹㅌ

Q. 바위산 위에 있는 고대 성터의 이름은?

ㅅㄹㄱㅇ

아시아에 있는 나라

아시아 | 013

시리아
Syria

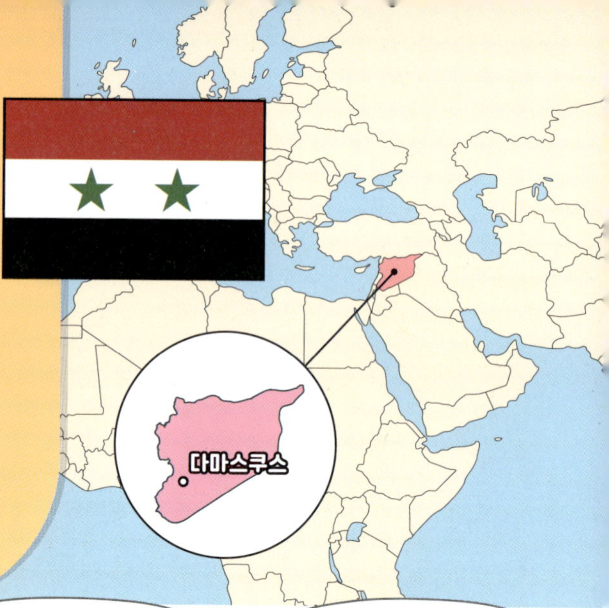

수도 다마스쿠스
언어 아랍어
화폐 시리아 파운드
인구 약 1,827만 명

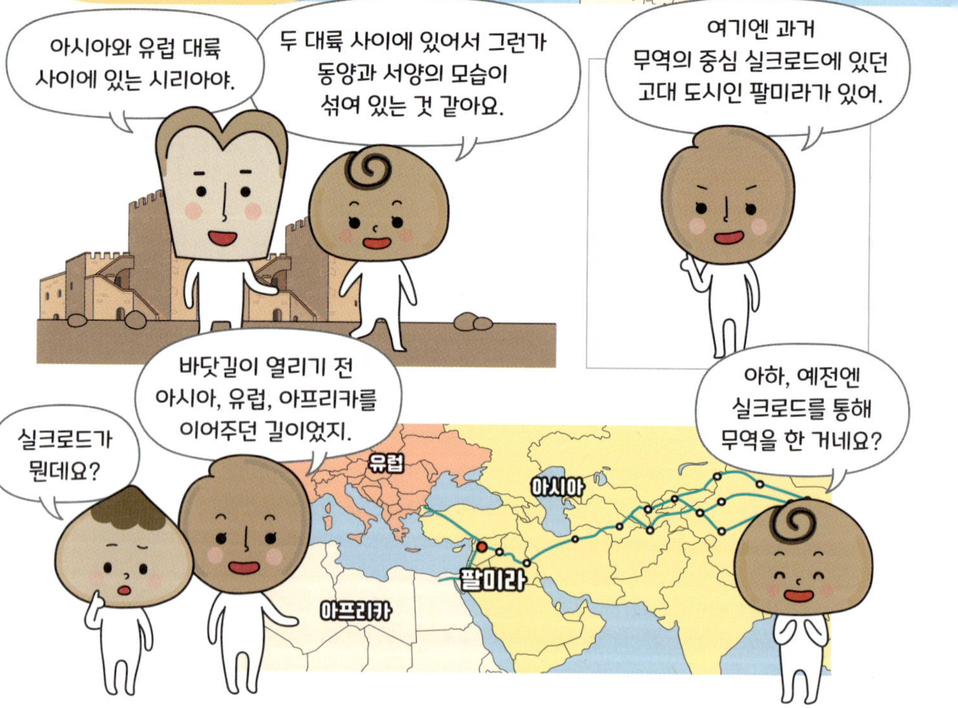

- 아시아와 유럽 대륙 사이에 있는 시리아야.
- 두 대륙 사이에 있어서 그런가 동양과 서양의 모습이 섞여 있는 것 같아요.
- 여기엔 과거 무역의 중심 실크로드에 있던 고대 도시인 팔미라가 있어.
- 실크로드가 뭔데요?
- 바닷길이 열리기 전 아시아, 유럽, 아프리카를 이어주던 길이었지.
- 아하, 예전엔 실크로드를 통해 무역을 한 거네요?

여기가 팔미라구나.

세계 최초의 이슬람 사원인 우마이야 사원도 이곳에 있죠?

너무 멋진 곳이 많아서 언제 다 구경하지?

하지만 시리아는 내전 중이라 여행하긴 위험해.

왜 싸우는데요?

민주화를 위해 전쟁이 일어났는데 무려 13년 동안이나 이어졌지.

이렇게 멋진 나라가 고통받고 있다니 안타까워요.

국기를 색칠해요

빨간색은 혁명, 하얀색은 미래, 검은색은 시리아를 억압했던 힘을 의미해요.
두 별은 아랍 지역의 통일을 나타내요.

Q. 최초의 이슬람 사원의 이름은?

ㅇㅁㅁㅇ

Q. 시리아에 남아 있는 고대 도시의 이름은?

ㅍㅁㄹ

아시아에 있는 나라

아시아 | 014

싱가포르
Singapore

수도 싱가포르
언어 영어, 중국어, 말레이어, 타밀어
화폐 싱가포르 달러
인구 약 589만 명

작지만 무역과 금융이 아주 발달한 나라야.

동남아시아의 금융 중심지라고 할 수 있어.

또 이곳엔 다양한 인종과 언어, 종교와 문화가 섞여있지.

특히 공공질서가 아주 엄격해서 벌금의 나라라고 불리기도 해.

흡연 금지구역에서 흡연 시 벌금! 쓰레기 무단투기 벌금! 전철 안에서 음식물 섭취 벌금!

조심해야겠다.

흐엑

국기를 색칠해요

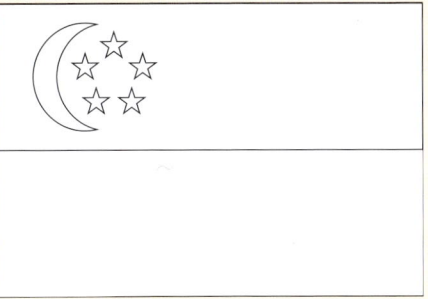

초승달은 싱가포르의 새 출발, 별 5개는 싱가포르가 품고 있는 5가지 이상을 뜻해요.

Q. 싱가포르의 수도는?

ㅅㄱㅍㄹ

Q. 싱가포르의 상징인 상상의 동물은?

ㅁㄹㅇㅇ

아시아에 있는 나라

국기를 색칠해요

이슬람교 국가 국기에 들어가는 4가지 색을 썼어요. 빨간색은 역사에서 흘린 피, 초록색은 풍요로운 땅, 하얀색은 맑고 깨끗한 생활, 검은색은 전쟁을 뜻해요.

Q. 아랍에미리트의 수도는?

아부다비

Q. 두바이에 있는 163층 초고층 건물의 이름은?

부르즈 할리파

아시아에 있는 나라

아시아 | 016

아제르바이잔
Azerbaijan

수도 바쿠
언어 아제르바이잔어
화폐 마나트
인구 약 1,022만 명

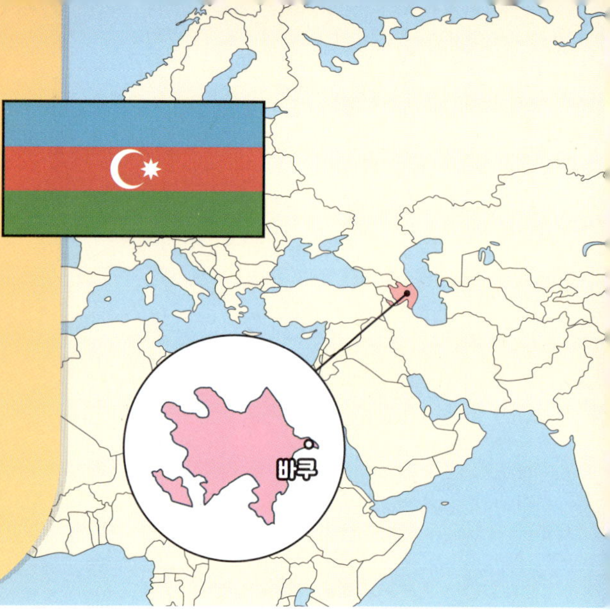

여기는 러시아와 이란 사이에 있는 아제르바이잔이야.

넓은 바다와 맞닿아 있네요!

자세히 봐, 넓은 바다가 맞나.

앗, 바다 같은 호수였네?

여기는 카스피해야.

넓은 바다였으면 좋았겠지만 막혀 있는 바다라 내륙국이라고 할 수 있지.

카스피해

40　바로 알고, 바로 쓰는 빵빵한 어린이 세계일주

아제르바이잔은 석유와 천연가스가 많이 나와서 불의 나라라고도 불려.

석유·가스·광물 등 풍부한 천연자원을 보유한 축복받은 땅이야.

여기서 나는 가스가 유럽에 공급된다면서요?

그런데 여기는 이슬람 국가인데 히잡을 쓴 여성들이 잘 안 보여요.

두리번

이 나라는 모든 종교를 포용한다고 말하고 있거든.

유럽은 기독교 국가가 많은데 종교로 싸울 일은 없겠네요!

국기를 색칠해요

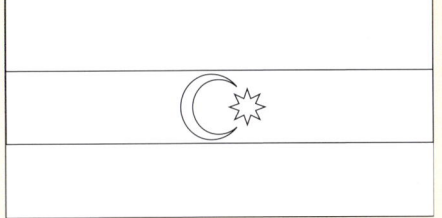

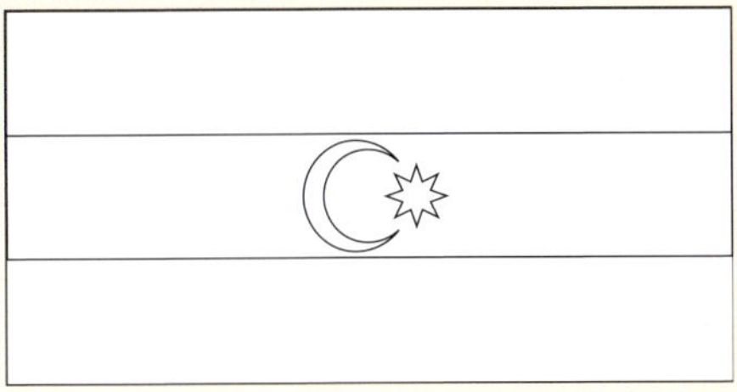

하늘색은 튀르크족, 빨간색은 민주주의 발전, 초록색은 이슬람교를 의미해요.
초승달과 별은 이슬람과 국민을 나타내요.

Q. 아제르바이잔과 맞닿아 있는 바다의 이름은?

ㅋㅅㅍㅎ

Q. 천연자원이 많이 나는 아제르바이잔의 별명은?

ㅂㅇㄴㄹ

아시아에 있는 나라

아시아 | 017

아프가니스탄
Afghanistan

수도 카불
언어 다리어, 파슈토어
화폐 아프가니
인구 약 3,983만 명

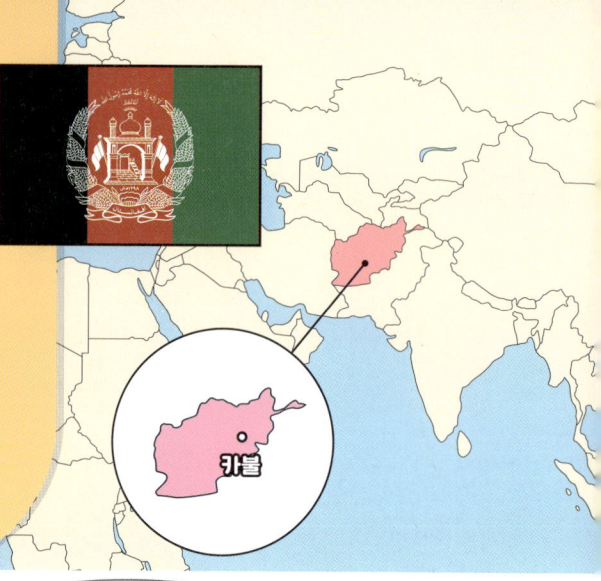

국기를 색칠해요

하얀색 그림은 이슬람의 성지인 메카를 나타내요. 위쪽에 있는 글씨는 '알라신은 위대하다'라는 뜻이에요.

Q. 아프가니스탄의 수도는?

ㅋㅂ

Q. 아프가니스탄의 천연 장벽이라 불리는 산맥의 이름은?

ㅎㄷㅋㅅㅅㅁ

아시아에 있는 나라

국기를 색칠해요

빨간색은 나라의 통일, 하얀색은 밝은 미래, 검은색은 어두웠던 과거를 뜻해요.

Q. 16세기에 흙으로 만든 건물이 보존된 예멘의 수도는?

ㅅㄴ

Q. 예멘에서 나는 커피의 이름은?

ㅁㅋㅋㅍ

아시아에 있는 나라

아시아 | 019

요르단
Jordan

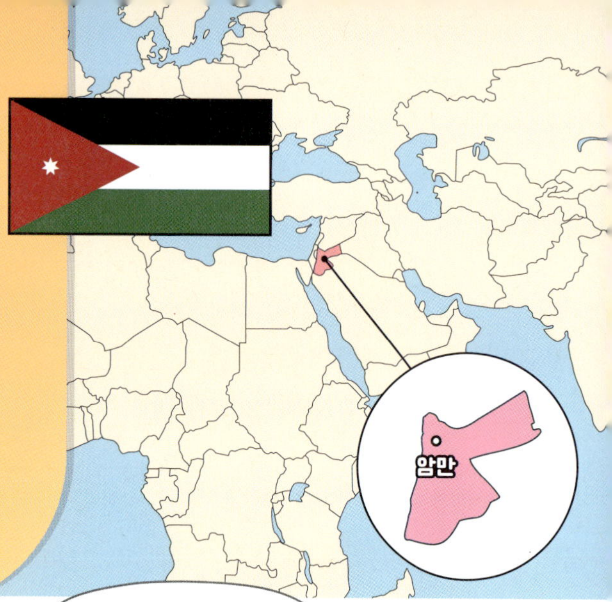

수도 암만
언어 아랍어
화폐 요르단 디나르
인구 약 1,026만 명

국기를 색칠해요

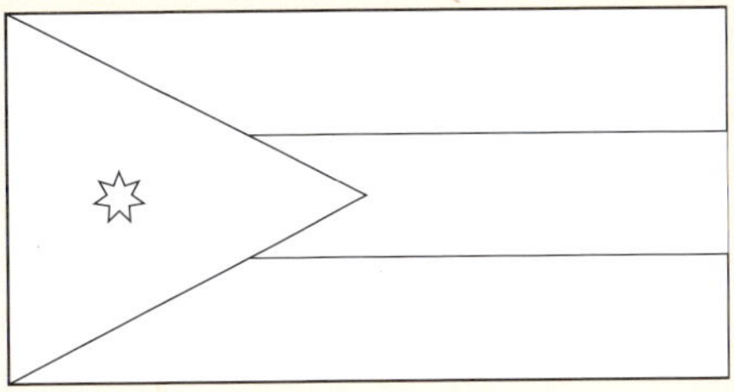

별의 끝 개는 이슬람교 경전(코란)의 첫 구절 7가지, 가로줄은 이슬람교의 술탄(통치자)들을 나타내요.

Q. 요르단의 수도는?

ㅇㅁ

Q. 절벽 바위를 깎아 만든 고대 도시의 이름은?

ㅍㅌㄹ

아시아 | 020

우즈베키스탄
Uzbekistan

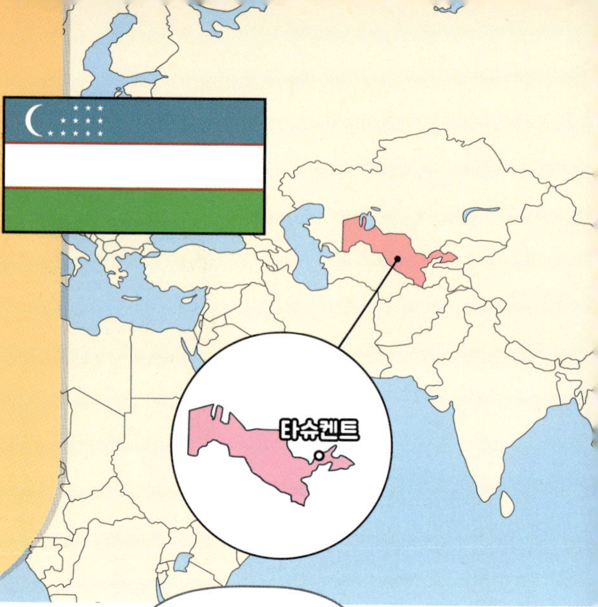

수도 타슈켄트
언어 우즈베크어, 러시아어
화폐 숨
인구 약 3,393만 명

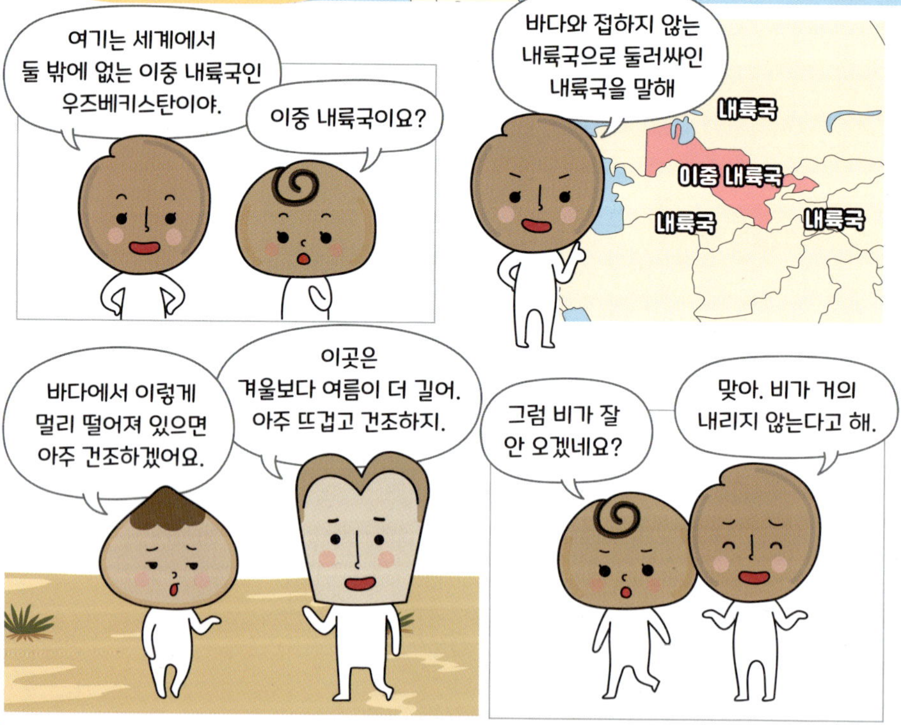

> 여기는 세계에서 둘 밖에 없는 이중 내륙국인 우즈베키스탄이야.

> 이중 내륙국이요?

> 바다와 접하지 않는 내륙국으로 둘러싸인 내륙국을 말해

내륙국
이중 내륙국
내륙국
내륙국

> 바다에서 이렇게 멀리 떨어져 있으면 아주 건조하겠어요.

> 이곳은 겨울보다 여름이 더 길어. 아주 뜨겁고 건조하지.

> 그럼 비가 잘 안 오겠네요?

> 맞아. 비가 거의 내리지 않는다고 해.

국기를 색칠해요

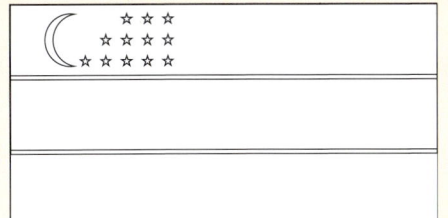

초승달은 이슬람의 전통, 별 12개는 나라의 주 12개를 나타내요. 하늘색은 하늘과 물, 하얀색은 평화, 초록색은 자연의 생명력을 의미해요.

Q. 우즈베키스탄의 수도는?

ㅌㅅㅋㅌ

Q. 내륙국으로 둘러싸인 나라를 뜻하는 말은?

ㅇㅈ ㄴㄹㄱ

아시아에 있는 나라

아시아 | 021

이라크
Iraq

수도 바그다드
언어 아랍어, 쿠르드어
화폐 이라크 디나르
인구 약 4,117만 명

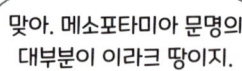
메소포타미아 문명이 시작된 나라, 이라크야. 티그리스강과 유프라테스강이 흘러 비옥한 땅이지.

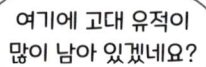

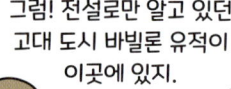
세계에서 가장 먼저 문명이 발생한 4대 문명 중 하나인 메소포타미아 문명이요?

맞아. 메소포타미아 문명의 대부분이 이라크 땅이지.

여기에 고대 유적이 많이 남아 있겠네요?

그럼! 전설로만 알고 있던 고대 도시 바빌론 유적이 이곳에 있지.

> 바빌론은 기원전 18세기부터 기원전 4세기까지 1500년간 세계 최대의 도시였어.

> 이렇게 오래된 도시가 아직까지 남아 있다니!

> 언제든지 보러갈 수 있는 거죠?

> 지금은 이라크의 주요 관광지로 '바빌'이라고 불리고 있지만…

> 하지만 지금 이라크는 내란과 전쟁, 테러 등의 분쟁이 많은 지역이라 여행 금지 국가로 지정되었어.

> 이런 문화 유산을 가진 나라가 여행 금지 국가라니 안타까워요.

국기를 색칠해요

빨간색은 전쟁이 가혹함, 하얀색은 관용, 검은색은 영광을 나타내요. 가운데 글자는 '알라는 위대하다'라는 뜻이에요.

Q. 세계 4대 문명 중 이라크 지역에서 시작된 문명은?

ㅁㅅㅍㅌㅁㅁ ㅁㅁ

Q. 이라크에 남아 있는 고대 도시의 유적은?

ㅂㅂ

아시아에 있는 나라

이란
Iran

수도 테헤란
언어 페르시아어
화폐 이란 리알
인구 약 8,502만 명

이란은 과거 서아시아와 넓은 지역에서 뛰어난 문화를 꽃피우던 페르시아 제국이 있던 땅이야.

아시아 중동 국가에서 인구가 가장 많은 나라지.

페르시아와 이슬람 문명의 역사적인 관광지가 많아.

페르시아의 수도였던 페르세폴리스가 남아 있어.

예전 페르시아의 수도군요!

페르시아 제국은 얼마나 멋진 나라였는지 느껴져요.

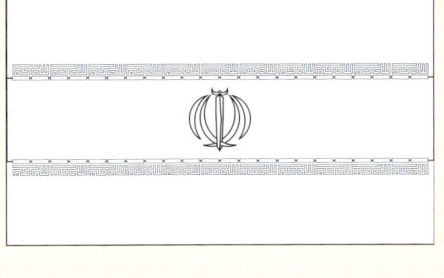

- 이란엔 아름다운 모스크들이 정말 많아.
- 그중 이슬람 사원 건축의 발달을 보여주는 이스파한이 있지.
- 여기가 이스파한이구나!
- 페르시아 제국 때는 기독교도 함께 공존했었어. 그래서 이란식 성당 반크 대성당도 볼 수 있지.
- 이란식 성당이라니 거기도 어떨지 궁금해요!
- 다양한 문화를 모두 가진 정말 멋진 나라네요.

국기를 색칠해요

초록색과 빨간색에 길게 쓰인 문자는 '알라는 위대하다'라는 이란어예요. 가운데 그림은 이란을 상징하는 나라 문장이에요.

Q. 과거 이란을 통치했던 제국은?

ㅍㄹㅅㅇ ㅈㄱ

Q. 이슬람 건축의 발달을 보여주는 모스크는?

ㅇㅅㅍㅎ

아시아 | 023

이스라엘
Israel

수도 예루살렘
언어 히브리어, 아랍어
화폐 셰켈
인구 약 878만 명

● 예루살렘

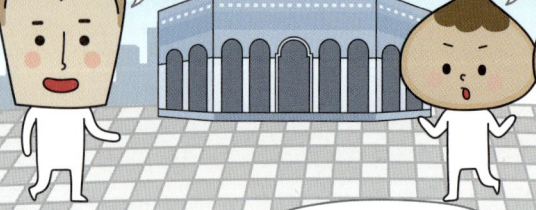

유대교, 기독교, 이슬람교의 성지라고 불리는 이스라엘의 수도 예루살렘이야.

와, 세 종교 모두 예루살렘이 성지라고요?

그럼 정말 많은 사람들이 여기를 찾아오겠어요.

이스라엘은 이슬람을 많이 믿는 아시아 중동 지역 중 유일하게 유대교를 믿는 나라야.

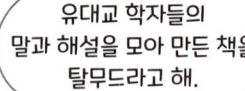

유대교 학자들의 말과 해설을 모아 만든 책을 탈무드라고 해.

저도 탈무드 읽어보고 싶어요!

바로 알고, 바로 쓰는 빵빵한 어린이 세계일주

우리 앞길을 막고 있는 이 커다란 벽은 뭐지…

쿵

이 벽은 솔로몬 왕이 세운 예루살렘 성전이 있던 벽이야.

지금은 통곡의 벽이라고 불리지.

성전의 벽이면 기쁨의 벽이어야 하는 거 아니에요?

성전을 찾는 많은 사람들이 재건을 바라며 울었다고 해서 통곡의 벽이라고 해.

아하, 그렇구나!

국기를 색칠해요

파란색 띠는 유대교에서 기도할 때 쓰는 숄의 모양이에요. 가운데 별은 유대교와 유대인을 상징해요.

Q. 예루살렘 성전의 벽을 부르는 이름은?

ㅌㄱㅇ ㅂ

Q. 이스라엘 율법학자들의 말과 해설을 모아 만든 책은?

ㅌㅁㄷ

아시아에 있는 나라

아시아 | 024

인도
India

수도 뉴델리
언어 힌디어, 영어
화폐 루피
인구 약 13억 9,340만 명

뉴델리

국기를 색칠해요

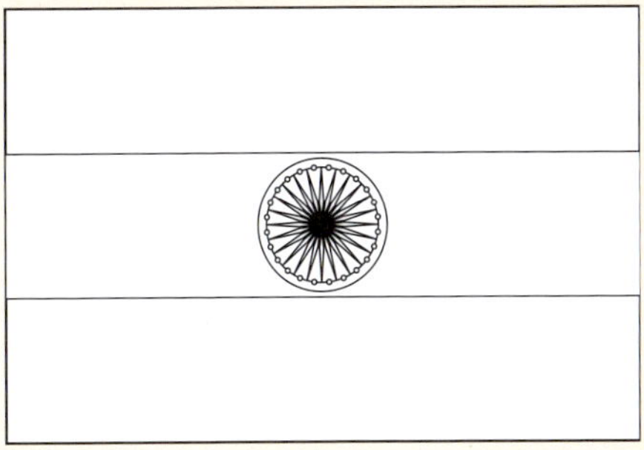

주황색은 용기와 희생, 하얀색은 순수와 평화, 초록색은 성실과 다산을 상징해요. 가운데 문장은 불교의 교리를 나타내요.

Q. 향신료가 많이 들어간 인도 전통 음식은?

ㅋㄹ

Q. 왕비의 무덤으로 지어진 이슬람식 궁전의 이름은?

ㅌㅈㅁㅎ

아시아에 있는 나라

아시아 | 025

인도네시아
Indonesia

수도 자카르타
언어 인도네시아어
화폐 루피아
인구 약 2억 7636만 명

"섬이 진짜 많네. 어디 보자. 하나, 둘, 셋…"

"언제 다 세려고? 인도네시아 섬은 17,508개나 된다고."

"뭐어? 무슨 섬이 그렇게 많아?"

깜짝

"인도네시아는 세계 최대 규모의 섬나라거든."

"게다가 인구수도 세계 4위를 차지하고 있어."

"인구가 많은 만큼 수백 개의 다른 민족들과 언어들이 공존하지."

바다가 가까운 만큼 휴양지로도 유명해.

여기가 신혼여행지로도 인기가 많은 발리야.

바라만 봐도 행복해지는 해변이에요.

안녕, 꼬마야? 너무 귀엽다.

잠깐! 인도네시아 사람들은 머리에 영혼이 담겨 있다고 믿어서 머리를 함부로 만지지 않아.

앗, 실수할 뻔했네.

스윽

헤헤

국기를 색칠해요

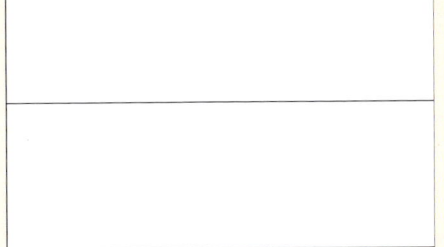

빨간색은 용기, 하얀색은 정신을 뜻해요. 거꾸로 뒤집으면 폴란드 국기와 같지요.

Q. 인도네시아의 수도는?

ㅈㅋㄹㅌ

Q. 인도네시아 최고의 휴양지는?

ㅂㄹ

아시아 | 026

일본
Japan

수도 도쿄
언어 일본어
화폐 엔
인구 약 1억 2,605만 명

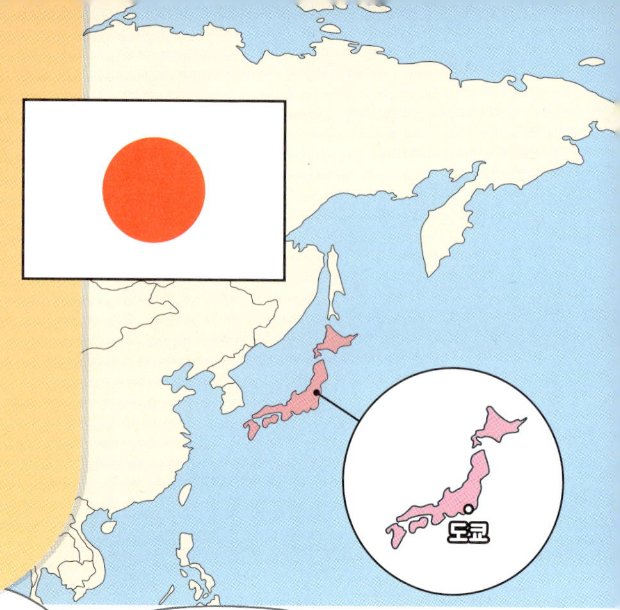

우리의 이웃나라 일본이야.

화산 활동으로 생긴 큰 섬 4개와 그 밖의 작은 섬들로 이루어져 있어.

섬나라라 바다가 가까워서 날생선으로 만든 초밥이 생긴 거구나.

일본 하면 초밥보단 라멘이지!

와구

와구

후루룩

일본에서 가장 높은 후지산은 일본의 상징이라고 할 수 있어.

후지산은 지금도 활동하는 화산이죠?

맞아.

화산이 많아서 뜨끈한 온천이 많은가 봐요.

아, 시원하다.

아, 뜨거워! 도대체 뭐가 시원하다는 거예요?

대륙의 끝에 위치해 있어서 지진과 해일이 일어나기도 해.

그래서 건물을 이렇게 튼튼하게 지었구나.

맞아. 웬만한 지진에는 끄떡없는 내진 설계가 되어 있지.

국기를 색칠해요

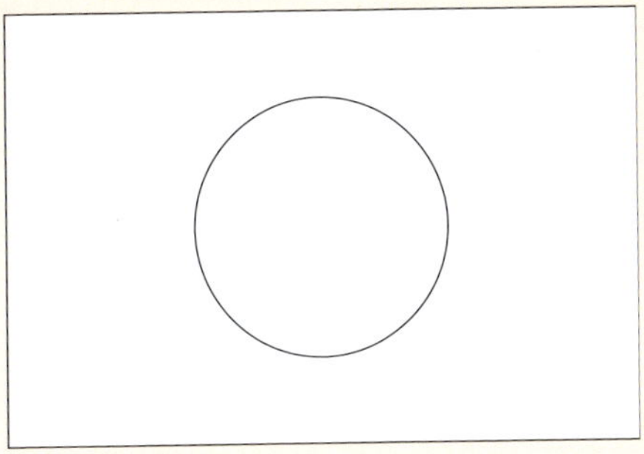

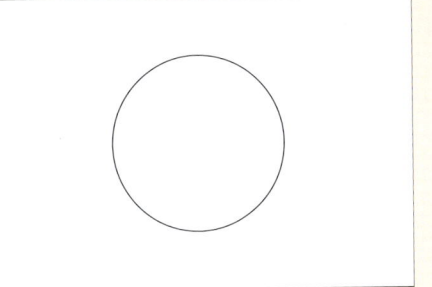

빨간색 동그라미는 태양을 상징하고, 하얀색 바탕은 순수를 나타내요.

Q. 일본의 대표적인 음식으로 날생선으로 만든 음식은?

ㅊ ㅂ

Q. 일본에서 가장 높은 화산의 이름은?

ㅎ ㅈ ㅅ

아시아에 있는 나라

아시아 | 027

조지아
Georgia

수도 트빌리시
언어 조지아어
화폐 라리
인구 약 397만 명

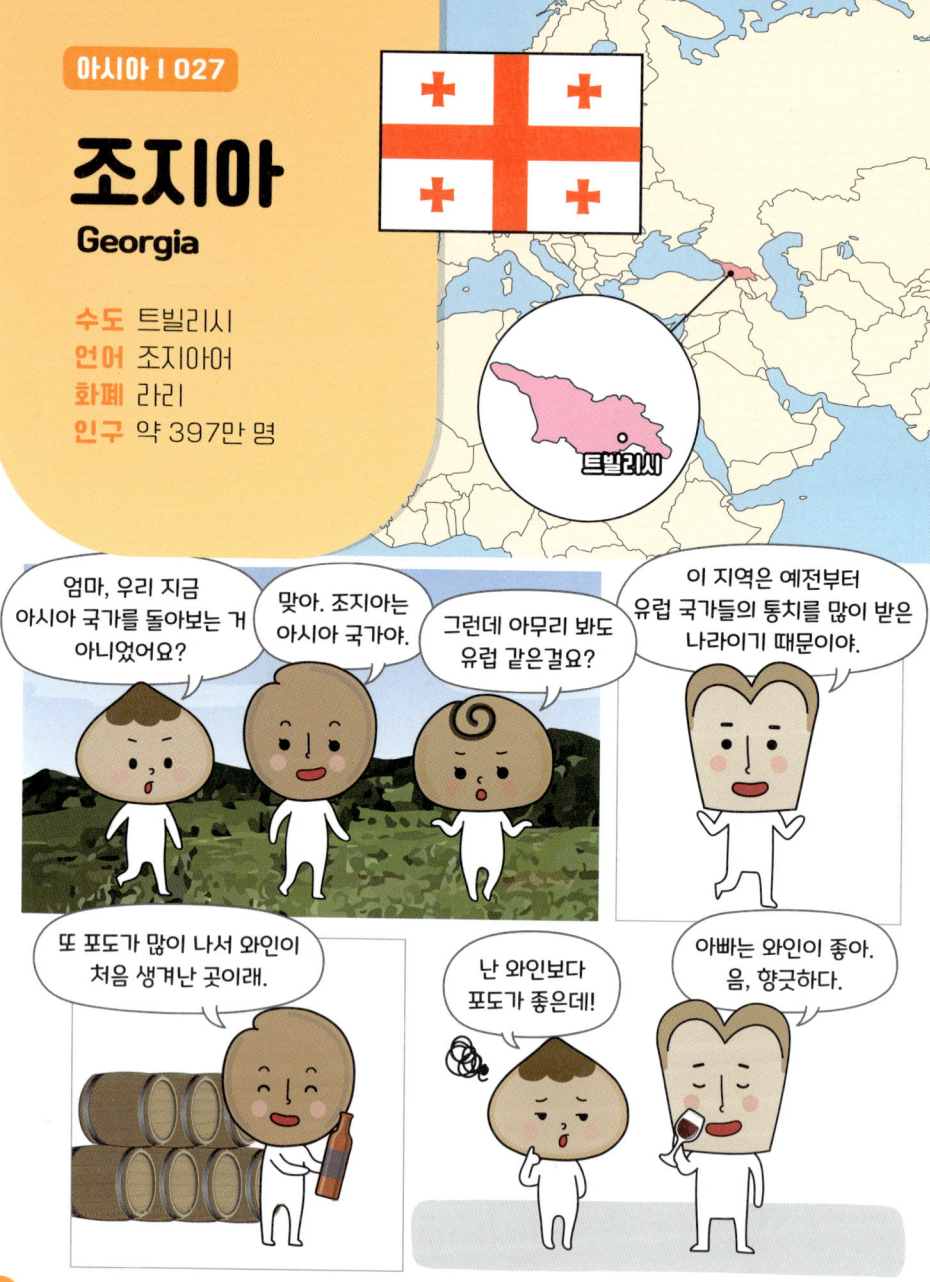

국기를 색칠해요

빨간색 큰 십자가는 예수그리스도, 4개의 작은 십자가는 4명의 기독교 성인을 나타내요.

Q. 조지아에서 처음 나기 시작한 술은?

ㅇㅇ

Q. 아름다운 경치를 자랑하는 조지아의 산맥은?

ㅋㅋㅅㅅㅁ

아시아에 있는 나라

아시아 | 028

중국
China

수도 베이징
언어 중국어
화폐 위안
인구 약 14억 4,421만 명

국기를 색칠해요

큰 별은 중국 공산당, 작은 별은 국민들을 뜻해요. 국민들이 공산당을 중심으로 모이길 바라는 뜻을 담았어요.

Q. 세계에서 가장 긴 성벽은?

ㅁㄹㅈㅅ

Q. 중국 중남부에 사는 중국 고유동물은?

ㅍㄷ

아시아에 있는 나라

아시아 | 029

카자흐스탄
Kazakhstan

수도 아스타나
언어 카자흐어, 러시아어
화폐 텡게
인구 약 1,899만 명

- 잠깐, 여기 호수 아니야?
- 에메랄드빛이 너무 아름다워!
- 여기는 카자흐스탄의 가장 아름다운 호수, 빅알마티 호수야.
- 카자흐스탄은 넓은 초원과 아름다운 호수가 많은 나라야.
- 카자흐 초원은 카자흐스탄 전체 면적의 5분의 1을 차지하는 세계에서 가장 큰 초원이지.
- 카자흐스탄이 세계에서 9번째로 큰 나라잖아요!
- 그중에 5분의 1이면 엄청난 넓이의 초원이네요.

"초원과 호수에는 플라밍고, 큰고니 등 희귀 동물이 많이 살고 있어."

"저기 플라밍고다!"

"또 카자흐스탄은 천연가스와 석유 자원이 풍부한 나라야."

"농지도 넓어서 밀과 귀리, 보리 등을 생산하는 곡창지대도 있지."

"이렇게 넓은 땅에 멋진 자연과 천연자원까지 풍부하다니 앞으로의 성장이 더 기대되는 나라네요."

국기를 색칠해요

하늘색은 민족과 문화의 조화를 뜻해요. 가운데 태양은 풍요로움, 황금 독수리는 독립과 자유를 상징해요. 왼쪽 그림은 나라의 전통 문양이에요.

Q. 카자흐스탄의 가장 아름다운 호수는?

ㅂㅇㅁㅌ ㅎㅅ

Q. 세계에서 가장 큰 초원은?

ㅋㅈㅎ ㅊㅇ

아시아에 있는 나라

아시아 | 030

카타르
Qatar

수도 도하
언어 아랍어, 영어
화폐 카타르 리얄
인구 약 293만 명

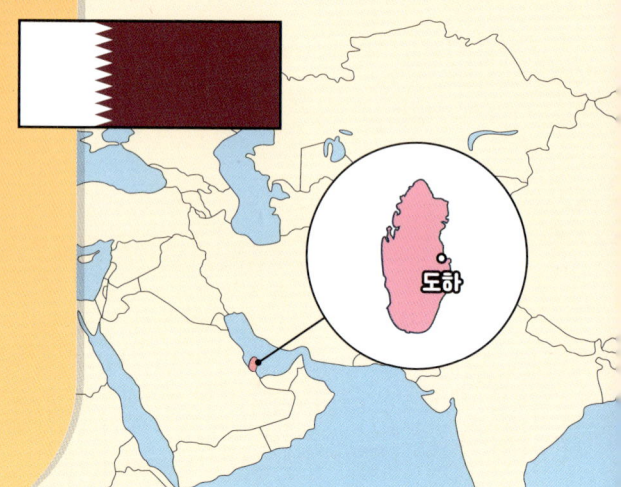

아랍권과 이슬람권 최초로 월드컵을 개최한 카타르야.
우와, 이슬람권 최초였구나!

카타르는 경기도만 한 작은 반도에 있는 나라이지.

이렇게 작은 나라가 어떻게 월드컵을 개최한 거죠?
크기가 전부는 아니지.
엄청나게 많은 석유와 천연가스를 가지고 있는 나라거든.

국기를 색칠해요

Q. 카타르의 수도는?

ㄷ ㅎ

Q. 도하에 있는 인공섬의 이름은?

ㄷ ㅍ

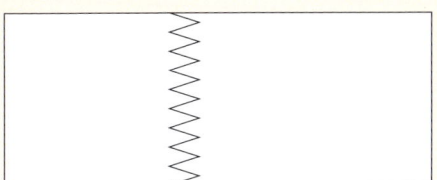

하얀색은 국제 사회에서의 평화를 나타내고, 밤색은 카타르의 전통색이에요.

아시아에 있는 나라

아시아 | 031

캄보디아
Cambodia

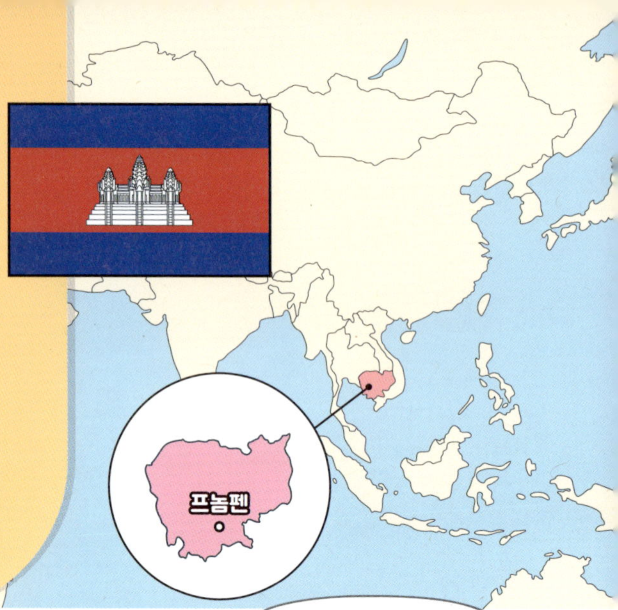

수도 프놈펜
언어 크메르어
화폐 리엘
인구 약 1,694만 명

프놈펜

우와, 이 건물은 뭐예요?

캄보디아의 가장 위대한 건축물 앙코르 와트야.

먼 옛날 넓은 땅을 다스렸던 크메르 왕국 때 지어진 힌두교 사원이지.

그 옛날에 어떻게 이런 아름다운 건물을 지을 수 있었을까요?

정말 대단하지?

앙코르 와트에는 크메르 제국의 수준 높은 건축 기술이 잘 남아 있어.

"동남아시아에서 가장 중요한 고고학 유적이야."

"하지만 캄보디아는 '킬링 필드'라는 아픈 역사를 가지고 있어."

"킬링 필드요?"

"폴 포트라는 사람이 약 4년 동안 200만 명에 가까운 사람들을 죽였거든."

"이런 아름다운 나라에 그런 끔찍한 일이 있었다니…"

"다시는 그런 일이 일어나선 안되겠지."

국기를 색칠해요

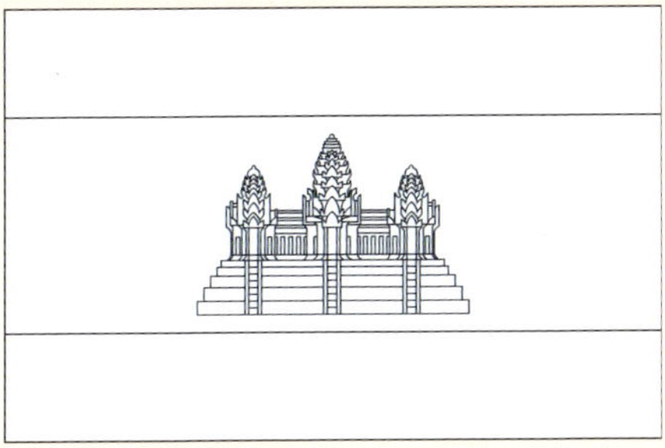

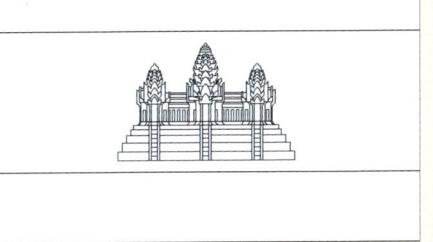

가운데 건물은 앙코르 와트 사원이에요. 빨간색은 캄보디아의 정신, 파란색은 농업과 환경을 상징해요.

Q. 크메르 왕국 때 지어진 건축물은?

ㅇㅋㄹ ㅇㅌ

Q. 캄보디아에서 약 200만 명이 학살된 사건은?

ㅋㄹ ㅍㄷ

아시아에 있는 나라

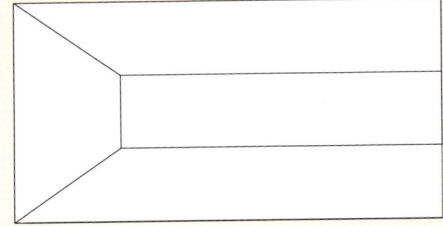

국기를 색칠해요

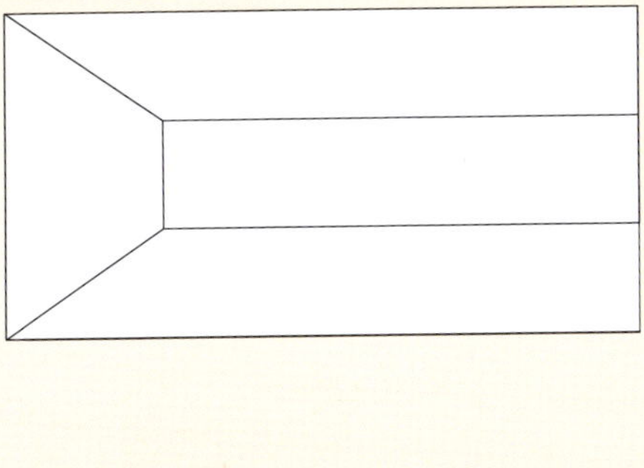

하얀색은 국민의 노력, 검은색은 고난, 초록색은 고향, 빨간색은 과거를 나타내요.

Q. 쿠웨이트 대부분의 지역을 차지하는 것은?

ㅅㅁ

Q. 뾰족한 탑에 동그란 구형이 달려 있는 쿠웨이트의 건물은?

ㅋㅇㅇㅌ ㅌㅇ

아시아에 있는 나라

아시아 | 033

태국
Thailand

수도 방콕
언어 타이어
화폐 밧
인구 약 6,995만 명

여기는 태국이야! 멋진 바닷가와 휴양지가 많아 매년 많은 관광객이 찾아오지.

태국이면 똠얌꿍! 그리고 쌀국수를 볶은 팟타이가 맛있잖아요!

팟타이
똠얌꿍

그리는 뭐가 맛있는지 다 아네.

먹는 건 저만 따라오세요!

멋진 바닷가와 맛있는 음식이라니, 천국이 따로 없네요.

태국은 대부분의 국민이 불교를 믿어서 멋진 불교 사원이 많은 나라야.

바로 알고, 바로 쓰는 빵빵한 어린이 세계일주

국기를 색칠해요

빨간색은 국민, 하얀색은 불교, 파란색은 국왕을 뜻해요. 불교를 바탕으로 국왕을 지킨다는 뜻이에요.

Q. 태국의 수도는?

ㅂㅋ

Q. 태국에서 가장 유명한 불교 사원은?

ㅇ ㅇㄹ

아시아에 있는 나라

오스만 제국은 지중해 주변 지역을 대부분 통치했던 큰 나라잖아요!

맞아. 유럽과 아시아의 교차점에서 화려한 문화를 꽃피운 나라지.

오스만 제국

튀르키예에서 가장 유명한 열기구를 보려면 카파도키아에 가야 해.

카파도키아에는 아름다운 지층을 볼 수 있는 장미 협곡과 신비한 지하 도시도 남아 있어.

와, 진짜 아름답다!

하늘을 가득채운 열기구를 바라보면 정말 아름답지.

국기를 색칠해요

초승달은 오스만 왕의 꿈, 별은 이스탄불을 정복하던 날 밤하늘을 나타낸다고 전해져요.

Q. 얇게 썬 고기를 꼬치에 꿰어 굽는 튀르키예 전통음식은?

ㅋㅂ

Q. 하늘에 떠오른 열기구를 볼 수 있는 튀르키예 지역은?

ㅋㅍㄷㅋㅇ

아시아에 있는 나라

아시아 | 035

파키스탄
Pakistan

수도 이슬라마바드
언어 펀자브어, 신드어, 우르두어
화폐 파키스탄 루피
인구 약 2억 2,519만 명

파키스탄은 인도 바로 옆에 있네요?

그렇지. 예전엔 인도와 파키스탄은 한 나라였어.

그런데 왜 지금은 다른 나라가 됐어요?

인도가 영국의 식민지였을 때 인도 제국 북서부에 무슬림 거주 지역을 따로 만들면서 나누어지게 됐어.

이후 영국에서 독립한 후 그대로 파키스탄이 되었지.

그럼 인도와 비슷한 점이 참 많겠어요.

"파키스탄 중앙을 관통하는 거대한 강이 있어. 바로 인더스강이지."

"인더스강이면 세계 4대 문명 중 하나인 인더스 문명이 시작된 곳 아니에요?"

"호옹"

인더스 문명

"광대한 지역에서 인더스 문명의 유적이 나오고 있다고 해."

"파키스탄의 모헨조다로가 대표적인 유적지이지."

"기원전 3천년 전 지어진 도시라니 믿기지 않아요."

국기를 색칠해요

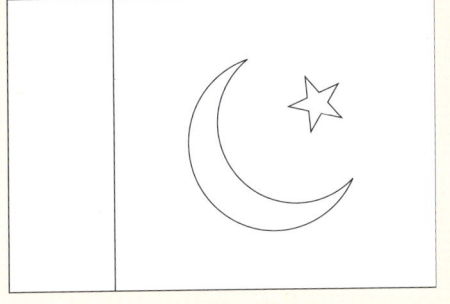

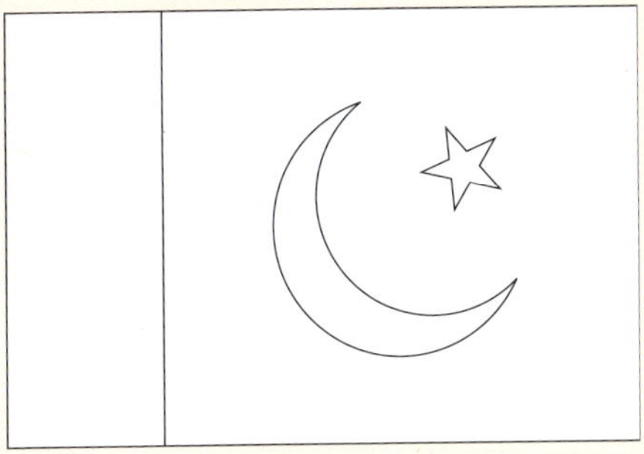

초승달과 별은 이슬람의 상징이에요. 왼쪽의 하얀색 바탕은 소수 종교와 민족, 평화를 뜻해요.

Q. 종교로 인해 인도에서 분리된 나라의 이름은?

ㅍㅋㅅㅌ

Q. 파키스탄을 관통하는 큰 강의 이름은?

ㅇㄷㅅㄱ

아시아에 있는 나라

아시아 | 036

필리핀
Philippines

수도 마닐라
언어 타갈로그어, 영어
화폐 페소
인구 약 1억 1,104만 명

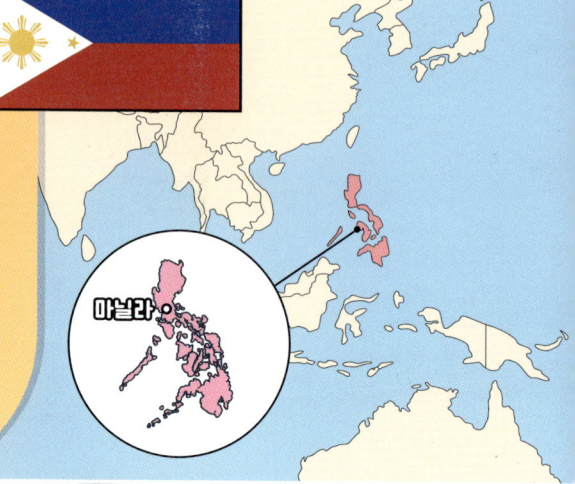

필리핀은 무려 7,000개나 되는 섬으로 이루어진 나라야.

화산이 많고 지진도 자주 일어나지.

이 섬들이 다 화산활동으로 만들어진 섬이군요.

필리핀은 대부분 산지이고 평야는 해안가에만 있다고 해.

그럼 농사 짓기는 힘들겠어요.

그래서 농경지는 대부분 계단식 형태를 하고 있지.

국기를 색칠해요

태양의 빛줄기는 나라 독립에 앞장선 8개의 주, 별 3개는 필리핀의 주요 섬을 나타내요.

Q. 필리핀의 수도는?

ㅁㄴㄹ

Q. 필리핀에 많이 있는 산의 종류는?

ㅎㅅ

아시아에 있는 나라

2장

유럽에 있는 나라들

037. 그리스
038. 네덜란드
039. 노르웨이
040. 덴마크
041. 독일
042. 러시아
043. 루마니아
044. 룩셈부르크
045. 리투아니아
046. 모나코
047. 몰타
048. 바티칸
049. 벨기에
050. 북마케도니아
051. 불가리아
052. 스웨덴
053. 스위스
054. 스페인
055. 슬로바키아
056. 슬로베니아
057. 아이슬란드
058. 아일랜드
059. 알바니아
060. 에스토니아
061. 영국
062. 오스트리아
063. 우크라이나
064. 이탈리아
065. 체코
066. 크로아티아
067. 포르투갈
068. 폴란드
069. 프랑스
070. 핀란드
071. 헝가리

유럽 | 037

그리스
Greece

수도 아테네
언어 그리스어
화폐 유로
인구 약 1,037만 명

너희들 그리스 신화가 뭔지 알아?

그럼요! 고대 그리스에서 시작되어 로마를 거쳐 많은 이야기가 더해진 신화잖아요.

앗! 이번 여행지는 혹시 그리스인가요?

맞아. 그리스는 철학과 수학, 정치와 올림픽 등 유럽의 기초가 된 고대 문명과 역사가 탄생한 나라야.

올림픽도 그리스에서 처음 시작한 거예요?

응. 기원전 744년부터 시작됐지.

바로 알고, 바로 쓰는 빵빵한 어린이 세계일주

국기를 색칠해요

기독교 나라를 뜻하는 십자가에 나라 색인 하얀색과 파란색을 사용했어요.

Q. 그리스의 수도는?

ㅇㅌㄴ

Q. 유네스코에 가장 먼저 등재된 문화재는?

ㅍㄹㅌㄴ ㅅㅈ

유럽에 있는 나라

유럽 | 038

네덜란드
Netherlands

수도 암스테르담
언어 네덜란드어
화폐 유로
인구 약 1,717만 명

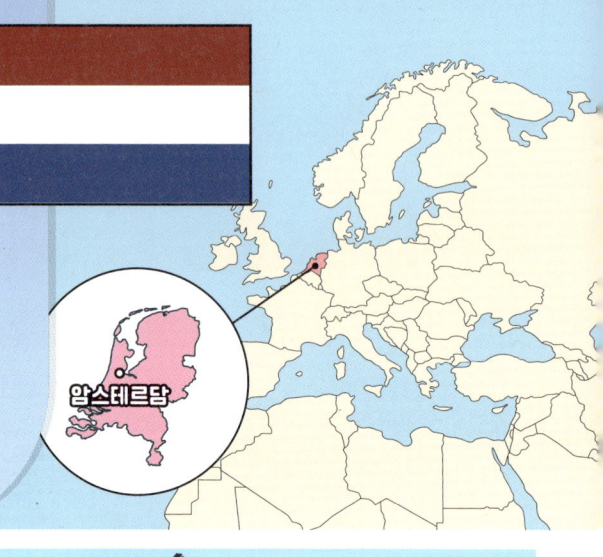

국기를 색칠해요

빨간색은 국민의 용기, 하얀색은 신앙심, 파란색은 나라를 향한 충성심을 나타내요.

Q. 네덜란드의 대표 꽃은?

ㅌ ㄹ

Q. 네덜란드에서 고인 물을 빼내는 장치는?

ㅍ ㅊ

유럽에 있는 나라

유럽 | 039

노르웨이
Norway

수도 오슬로
언어 노르웨이어
화폐 노르웨이 크로네
인구 약 546만 명

노르웨이는 바다 무역과 고기잡이가 발달한 나라야.

대부분의 연어는 노르웨이에서 잡히고 있어.

신선한 연어를 많이 먹을 수 있겠다!

노르웨이는 북극과 가까워서 오로라가 보이기도 하지.

누가 하늘 위에 커튼을 걸어놨나 봐요.

그런데 지역의 대부분이 빙하와 산지네요?

바로 알고, 바로 쓰는 빵빵한 어린이 세계일주

특히 빙하가 깎으며 생긴 좁고 긴 계곡에 바닷물이 들어온 지형이 많이 보이지.

이런 지형을 피오르라고 해.

우와, 이 협곡에 바닷물이 들어왔다니! 너무 신기해요!

신기하게도 여름과 겨울의 온도차가 크지 않아. 여름은 우리나라보다 선선하고 겨울은 더 따듯하지.

따듯하다고요? 그럼 지금 수영해도 돼요?

그건 안 돼!

국기를 색칠해요

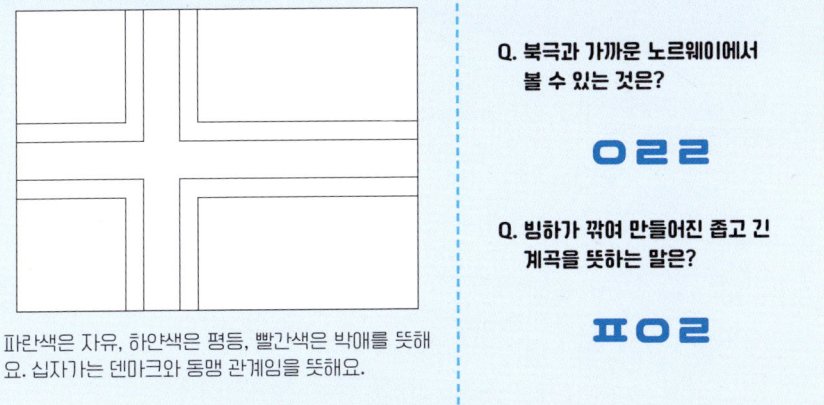

파란색은 자유, 하얀색은 평등, 빨간색은 박애를 뜻해요. 십자가는 덴마크와 동맹 관계임을 뜻해요.

Q. 북극과 가까운 노르웨이에서 볼 수 있는 것은?

오로라

Q. 빙하가 깎여 만들어진 좁고 긴 계곡을 뜻하는 말은?

피오르

유럽에 있는 나라

유럽 | 040

덴마크
Denmark

수도 코펜하겐
언어 덴마크어
화폐 덴마크 크로네
인구 약 581만 명

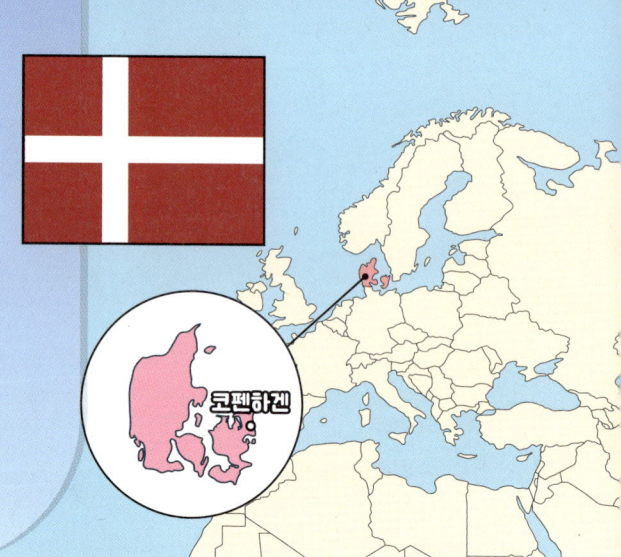

너희들 뭐하니?

여기 레고가 많아서 이걸로 성 만들고 있어요.

저는 동화 '인어 공주' 읽고 있고요.

둘이 남매인데도 어쩜 이렇게 다른지.

그런데 공통점이 하나 있네.

그게 뭔데요?

레고와 인어공주를 쓴 작가 안데르센 모두 덴마크에서 왔거든!

국기를 색칠해요

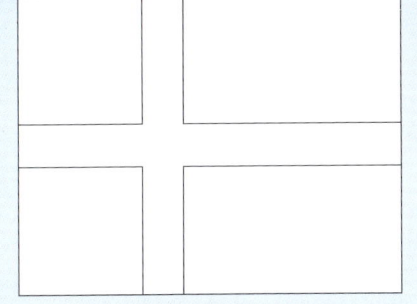

세계에서 가장 오래된 국기로 하얀색 십자가는 북유럽 국가들의 국기에서 공통적으로 보여져요.

Q. 덴마크에서 시작된 세계적인 완구 회사는?

ㄹㄱ

Q. 동화 인어 공주의 작가는?

ㅇㄷㄹㅅ

유럽에 있는 나라

유럽 | 041

독일
Germany

수도 베를린
언어 독일어
화폐 유로
인구 약 8,390만 명

국기를 색칠해요

검은색은 근면, 빨간색은 정열, 노란색은 명예를 의미해요.

Q. 유럽 기독교 건축양식을 보여주는 독일의 성당은?

ㅋㄹ ㅅㄷ

Q. 독일의 경제를 이끄는 주요 산업은?

ㅈㄷㅊ ㅅㅇ

유럽에 있는 나라

유럽 | 042

러시아
Russia

수도 모스크바
언어 러시아어
화폐 루블
인구 약 1억 4,591만 명

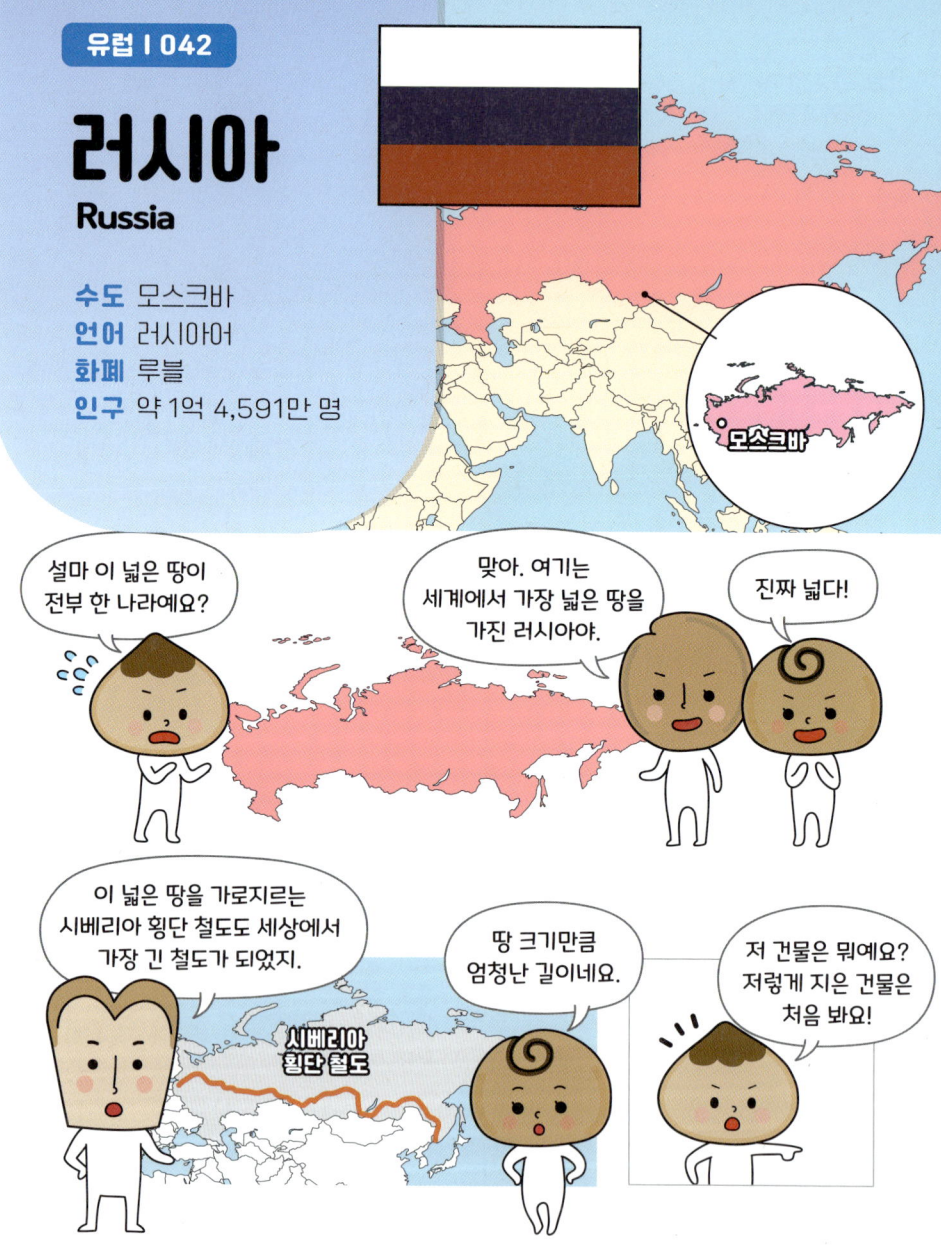

국기를 색칠해요

하얀색은 자유와 진실, 파란색은 정직과 헌신, 빨간색은 사랑과 용기를 나타내요.

Q. 세계에서 가장 긴 철도는?

ㅅㅂㄹㅇ ㅎㄷ ㅊㄷ

Q. 러시아 전통 건축술로 지어진 성당은?

ㅅ ㅂㅅㄹ ㄷㅅㄷ

유럽에 있는 나라

유럽 I 043

루마니아
Romania

수도 부쿠레슈티
언어 루마니아어
화폐 레우
인구 약 1,912만 명

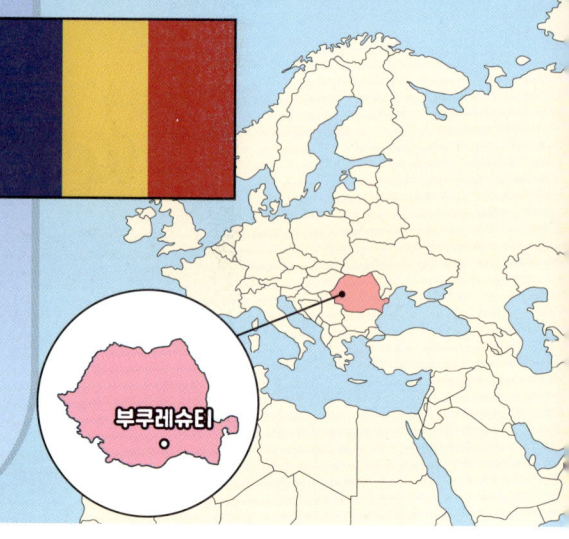

무서워하지 마. 루마니아는 국민의 90% 이상이 정교회를 믿는 나라야.

드라큘라가 싫어하는 십자가다!

정교회가 뭔데요?

과거 동로마 제국의 국교였고 가톨릭과 함께 그리스도교에서 가장 오래된 종교지.

서방교회에서 분열되어 동방 정교회라고도 불려.

그럼 루마니아는 동로마 제국의 후예인가요?

맞아. 루마니아라는 이름은 로마 사람의 땅이라는 뜻을 가지고 있거든.

국기를 색칠해요

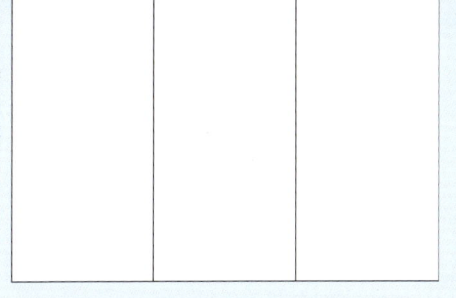

파란색은 자유와 신념, 노란색은 풍요와 번영, 빨간색은 용기와 애국자들의 희생을 뜻해요.

Q. 드라큘라의 배경이 된 성의 이름은?

ㅂㄹ ㅅ

Q. 루마니아가 믿는 종교는?

ㅈㄱㅎ

유럽에 있는 나라

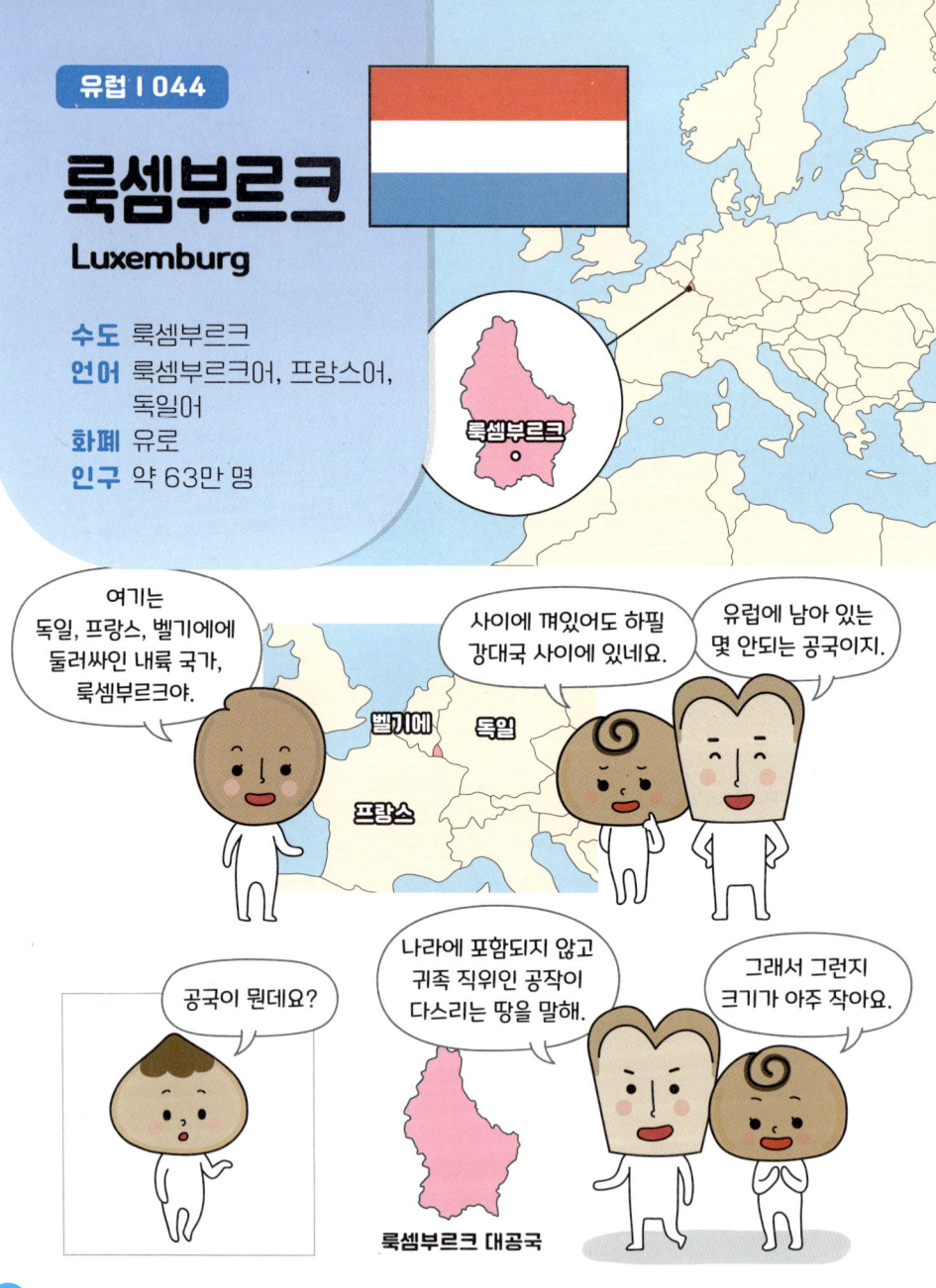

국기를 색칠해요

룩셈브루크 대공 집안을 상징하는 3가지 색깔을 국기에 사용했어요.

Q. 룩셈부르크의 수도는?

ㄹㅅㅂㄹㅋ

Q. 룩셈부르크에서 많이 나는 광석은?

ㅊㄱㅅ

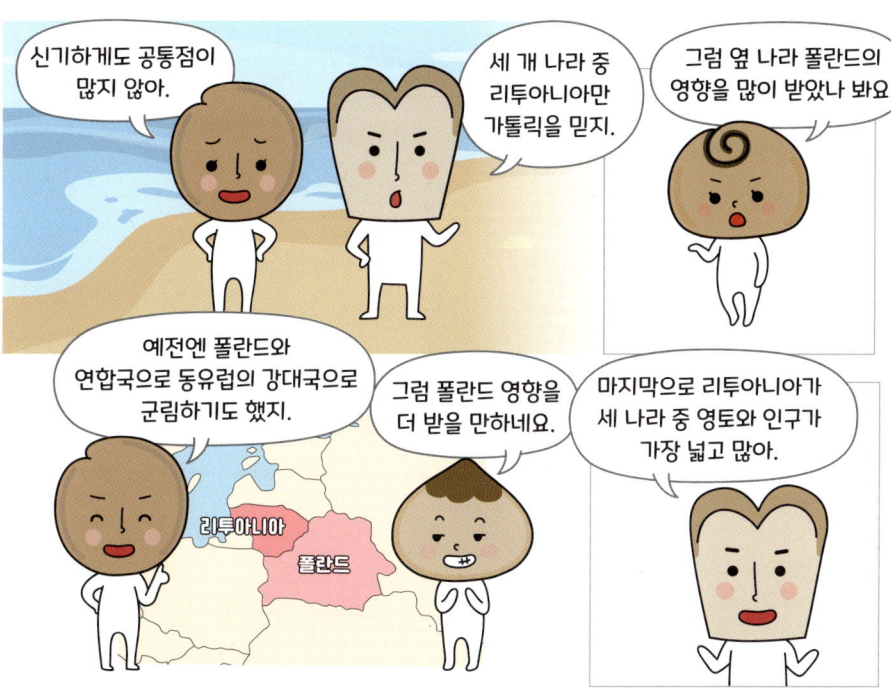

국기를 색칠해요

Q. 발트해를 따라 길게 이어진 해변은?

프르 하브

Q. 리투아니아의 종교는?

ㄱㅌㄹ

노란색은 태양, 초록색은 자연, 빨간색은 살아 움직이는 힘을 뜻해요.

유럽에 있는 나라

유럽 | 046

모나코
Monaco

수도 모나코
언어 프랑스어
화폐 유로
인구 약 3만 8천 명

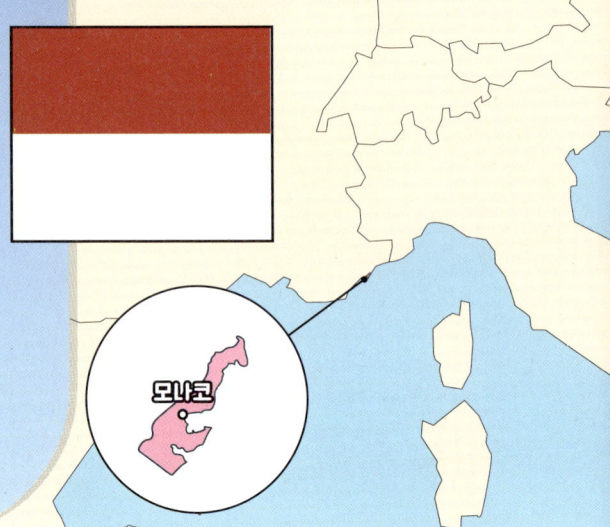

국기를 색칠해요

Q. 모나코의 수도는?

ㅁㄴㅋ

Q. 모나코의 주요 산업은?

ㄱㄱㅅㅇ

모나코 왕조를 상징하는 빨간색을 사용했어요. 인도네시아 국기와 똑같아 보이지만 비율이 달라요.

유럽 | 047

몰타
Malta

수도 발레타
언어 영어, 몰타어
화폐 유로
인구 약 44만 명

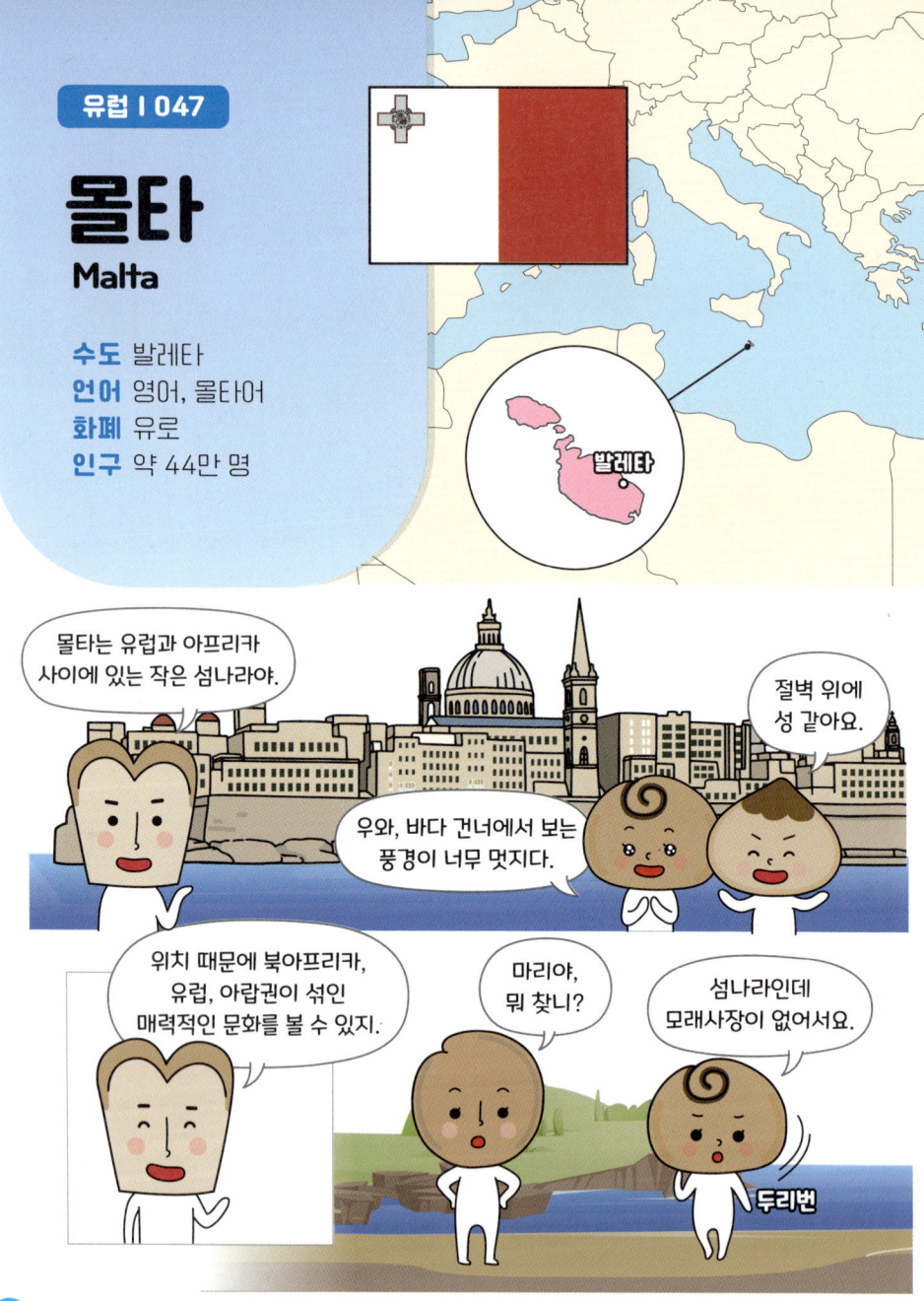

국기를 색칠해요

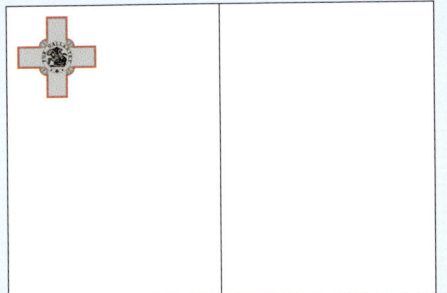

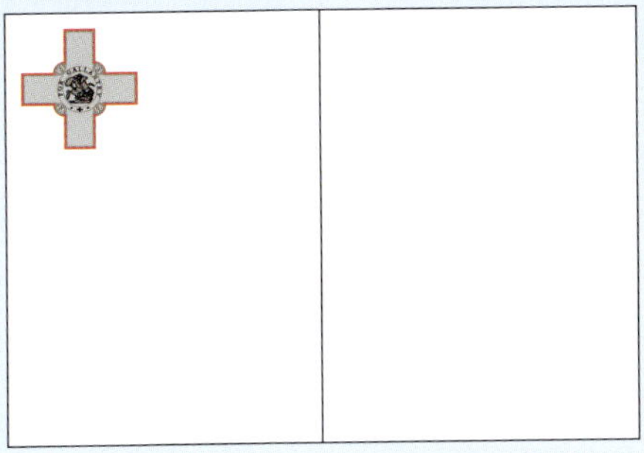

1943년 영국의 왕이 수여한 십자가 모양 훈장을 사용했어요.

Q. 몰타에서 나온 개의 종류는?

ㅁㅌㅈ

Q. 몰타 해안가에 모래사장 대신 있는 것은?

ㅈㅂ

유럽에 있는 나라

유럽 | 048

바티칸
Vatican

수도 바티칸 시티
언어 라틴어, 이탈리아어, 프랑스어
화폐 유로
인구 약 800명

세상에서 제일 작은 나라가 어딘지 아니?

에이, 모나코보다 작은 나라가 또 있나요?

그럼! 바로 바티칸이야.

바티칸은 로마 한가운데 있는 도시 국가이지.

이런 작은 도시가 어떻게 나라가 된 거예요?

바티칸은 사라졌던 교황령을 회복하기 위해 이탈리아로부터 독립된 나라거든.

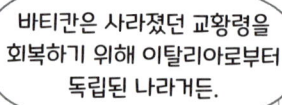

바로 알고, 바로 쓰는 빵빵한 어린이 세계일주

"교황령이라는 건 교황이 다스리는 나라라는 거죠?"

"그럼. 로마 가톨릭교의 중심이 바로 이곳이라고 할 수 있지."

"정말 대단한 신앙인데요!"

"바티칸엔 로마 가톨릭 건물 중 가장 큰 건축물인 성 베드로 성당이 있어."

"로마의 4대 성전 중 하나로 거장 미켈란젤로가 건축에 참여했다고 하지."

"미켈란젤로요? 신기하다!"

국기를 색칠해요

노란색과 하얀색은 교황청을 지키는 위병을 의미하고 오른쪽 그림은 교황을 상징해요.

Q. 교황이 다스리는 영지라는 뜻의 단어는?

ㄱㅎㄹ

Q. 로마 가톨릭 건물 중 가장 큰 건축물은?

ㅅ ㅂㄷㄹ ㅅㄷ

유럽에 있는 나라

유럽 | 049

벨기에
Belgium

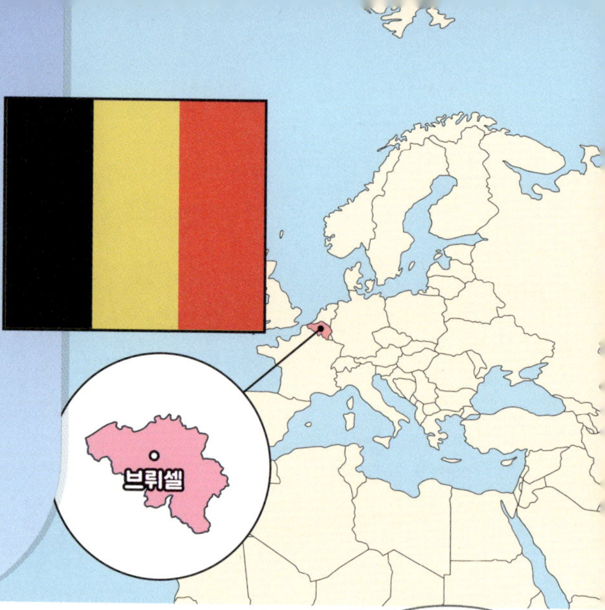

수도 브뤼셀
언어 네덜란드어, 프랑스어, 독일어
화폐 유로
인구 약 1,163만 명

국기를 색칠해요

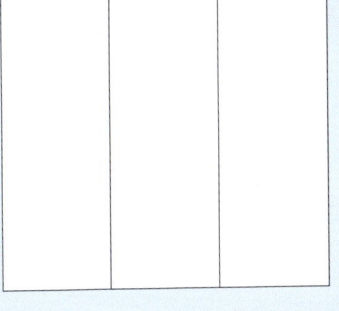

정사각형에 가까운 국기로 검은색, 노란색, 빨간색은 벨기에 왕실을 뜻해요.

Q. 벨기에의 유명한 빵의 이름은?

ㅇㅍ

Q. 고딕양식의 건물로 둘러싸인 광장은?

ㄱㄹㅍㄹㅅ

유럽에 있는 나라

유럽 | 050

북마케도니아
North Macedonia

수도 스코페
언어 마케도니아어, 알바니아어
화폐 마케도니아 디나르
인구 약 208만 명

스코페

- 이곳은 북마케도니아야.
- 어? 원래는 그냥 마케도니아 아니었어요?
- 맞아. 그런데 그리스의 반대로 북마케도니아로 이름을 바꾸게 됐어.
- 왜 반대해요?
- 마케도니아는 그리스의 고대 왕국이었어.
- 그리스뿐만 아니라 지금의 북마케도니아와 불가리아에 걸친 큰 나라였지.

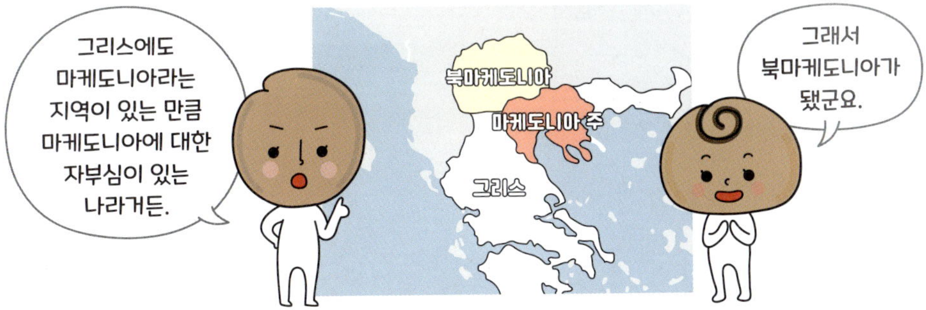

그리스에도 마케도니아라는 지역이 있는 만큼 마케도니아에 대한 자부심이 있는 나라거든.

북마케도니아
마케도니아 주
그리스

그래서 북마케도니아가 됐군요.

여기는 마케도니아에 있는 오흐리드 호야.

이쪽은 선사시대 때부터 중세 시대에 이르기까지 많은 유적이 남아있다고 해.

진짜 오래된 지역이네요!

국기를 색칠해요

알렉산더 대왕의 아버지인 필립 2세 문장에서 유래한 노란 햇살 같은 무늬를 넣었어요.

Q. 북마케도니아의 수도는?

ㅅㅋㅍ

Q. 마케도니아의 아름다운 호수는?

ㅇㅎㄹㄷ ㅎㅅ

유럽에 있는 나라

유럽 | 051

불가리아
Bulgaria

수도 소피아
언어 불가리아어
화폐 레프
인구 약 689만 명

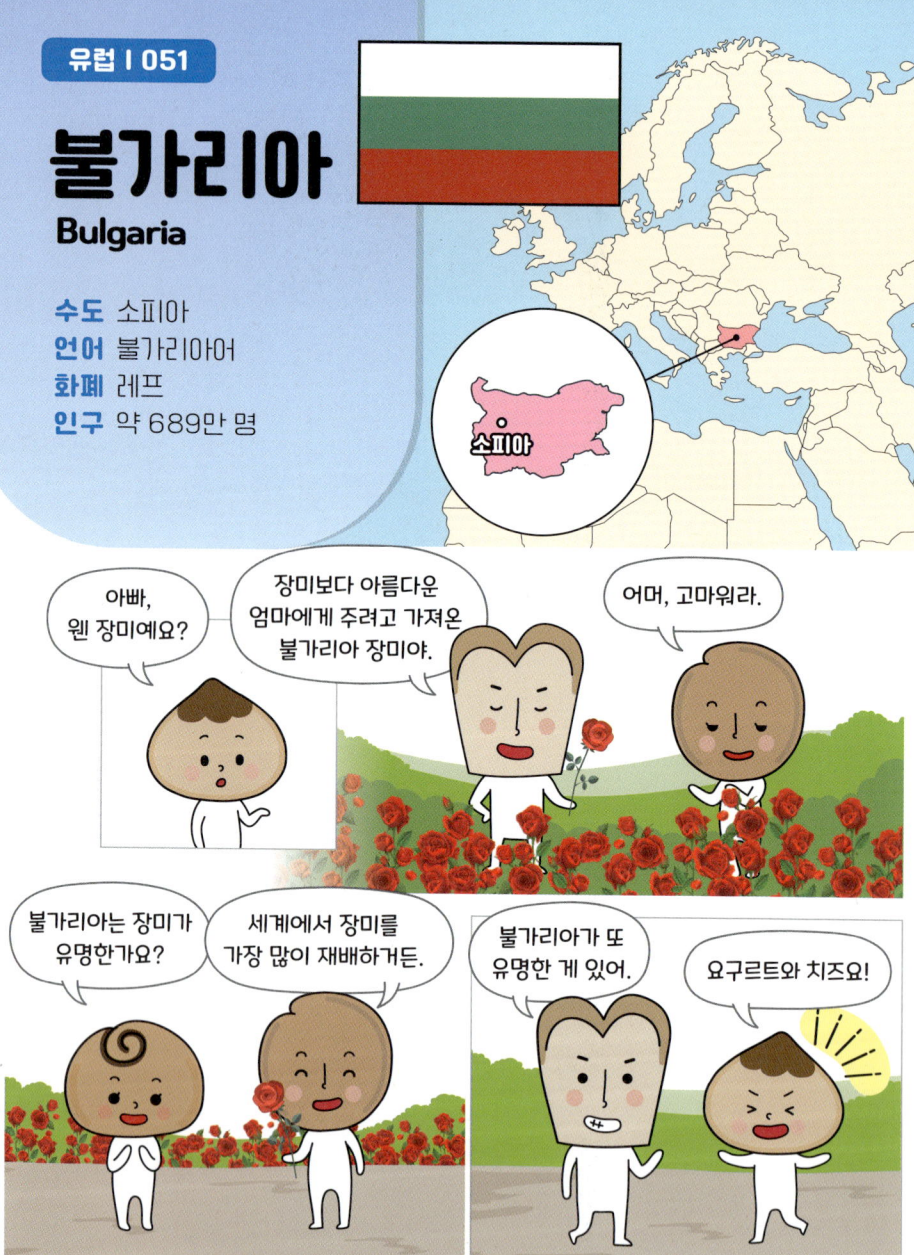

국기를 색칠해요

하얀색은 평화, 초록색은 풍요로운 땅과 숲, 빨간색은 사람들의 용기와 희망을 뜻해요.

Q. 불가리아가 가장 많이 재배하는 꽃은?

ㅈㅁ

Q. 불가리아의 유명한 전통 음식은?

ㅇㄱㄹㅌ

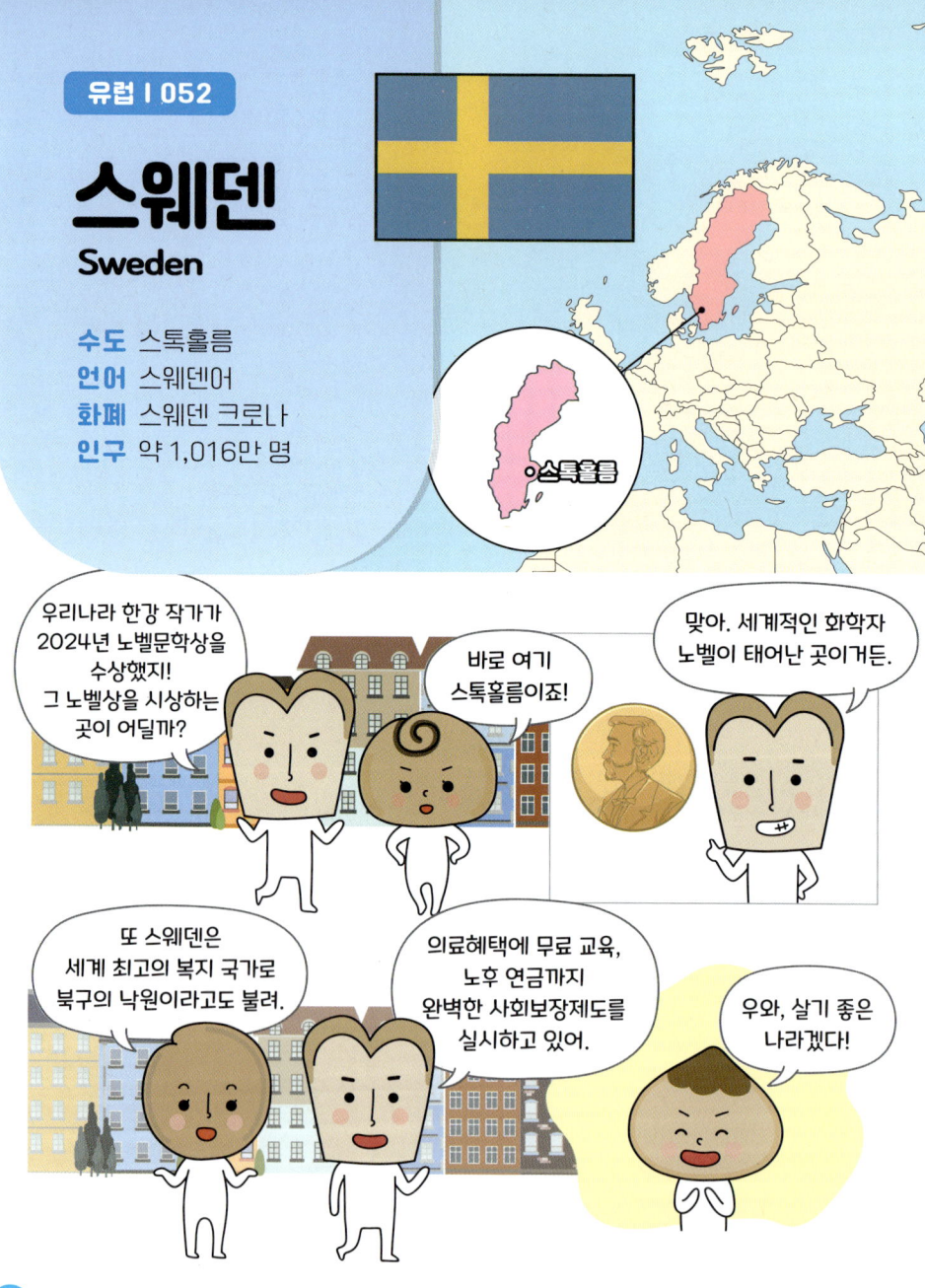

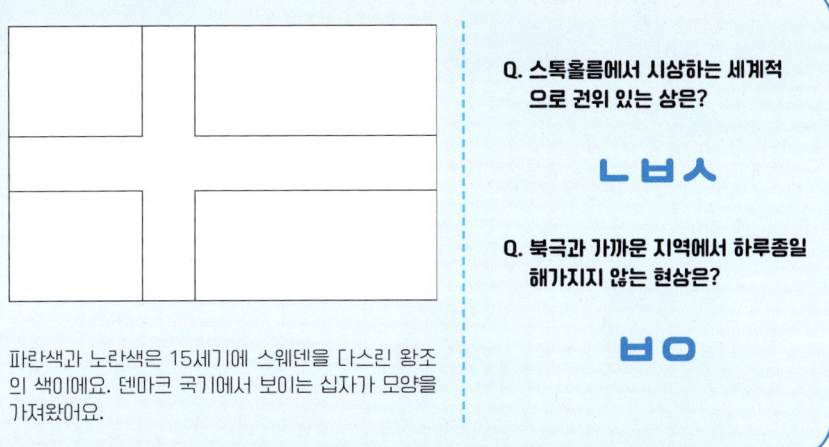

국기를 색칠해요

파란색과 노란색은 15세기에 스웨덴을 다스린 왕조의 색이에요. 덴마크 국기에서 보이는 십자가 모양을 가져왔어요.

Q. 스톡홀름에서 시상하는 세계적으로 권위 있는 상은?

ㄴㅂㅅ

Q. 북극과 가까운 지역에서 하루종일 해가지지 않는 현상은?

ㅂㅇ

유럽에 있는 나라

유럽 I 053

스위스
Switzerland

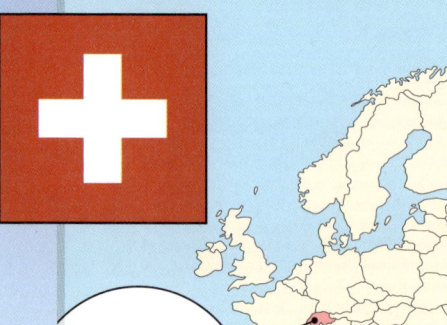

수도 베른
언어 독일어, 프랑스어, 이탈리아어, 로망슈어
화폐 스위스 프랑
인구 약 871만 명

베른

"아빠, 저 산 좀 봐요!"

"빛나는 뿔 같잖아?"

"저건 알프스산맥의 높은 산봉우리인 '마터호른'에 노을이 비친 모습이야."

"스위스는 국토의 대부분이 산지야. 알프스산맥의 봉우리 중 48개가 스위스에 있다고 해."

"그래서 알프스산맥 하면 스위스를 떠올리는군요."

"맞아. 덕분에 아름다운 경치를 얻을 수 있었지."

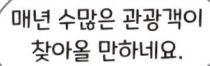

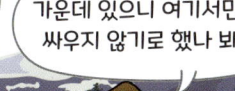

국기를 색칠해요

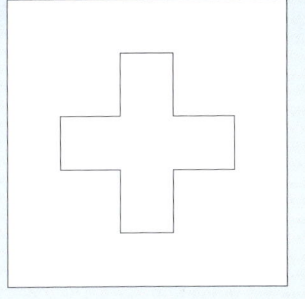

정사각형 모양의 국기로 빨간색 바탕은 기독교인들의 피, 하얀색 십자가는 기독교를 뜻해요.

Q. 스위스를 가로지르는 높은 산맥의 이름은?

ㅇㅍㅅㅅㅁ

Q. 전쟁을 일으키지 않는 나라라는 뜻의 단어는?

ㅈㄹㄱ

유럽에 있는 나라

유럽 | 054

스페인
Spain

수도 마드리드
언어 스페인어
화폐 유로
인구 약 4,674만 명

마드리드

저 성당 좀 보세요!

정말 특이하게 생긴 성당이네.

저건 성당 사그리다 파밀리아야. 스페인의 천재 건축가 가우디의 작품이지.

이 외에도 스페인은 50개가 넘는 세계 문화 유산을 가지고 있어.

스페인에 가봐야 할 곳이 50개가 넘는다는 거네요?

그리고 스페인은 지중해성 기후로 1년 내내 날씨가 따뜻해.

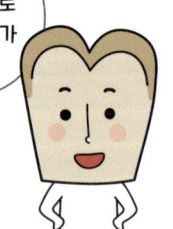

씨익

바로 알고, 바로 쓰는 빵빵한 어린이 세계일주

국기를 색칠해요

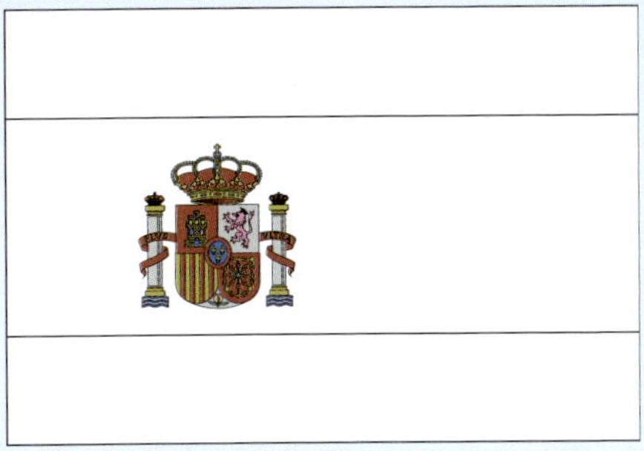

국기의 그림은 스페인의 토대가 된 다섯 왕국과 오늘날 왕가의 문장이 섞여 있어요.

Q. 건축가 가우디가 지은 성당은?

ㅅㄱㄹㄷ ㅍㅁㄹㅇ

Q. 스페인에서 가장 많이 생산되는 열매는?

ㅇㄹㅂ

유럽에 있는 나라

유럽 | 055

슬로바키아
Slovakia

수도 브라티슬라바
언어 슬로바키아어
화폐 유로
인구 약 546만 명

브라티슬라바

- 여기가 슬로베니아예요?
- 아니, 슬로바키아야!
- 두 나라가 위치와 이름이 비슷해 헷갈려 하는 경우가 많아.

국기까지 비슷한걸?

슬로바키아
슬로베니아

헷갈릴 만하다.

슬로바키아는 대부분이 산지여서 스키를 즐기는 사람들이 많아.

— 우와, 천연 스키장이네요?
— 훗, 내 실력을 보여줄 때인가?
— 그러는 저기 어린이용 낮은 곳에서 타자.
— 위위

— 그리고 나라의 40%가 숲이기도 하지.
— 이렇게 숲이 넓으면 야생동물도 많이 살겠어요.
— 맞아. 멋진 자연환경이 매력적인 나라이지.

국기를 색칠해요

슬라브 민족의 공통 색인 하얀색, 파란색, 빨간색을 사용했고 다른 나라와 구별하기 위해 국가 문장을 넣었어요.

Q. 슬로바키아의 수도는?

브라티슬라바

Q. 산지가 많은 슬로바키아에서 많이 즐기는 스포츠는?

스키

유럽에 있는 나라

국기를 색칠해요

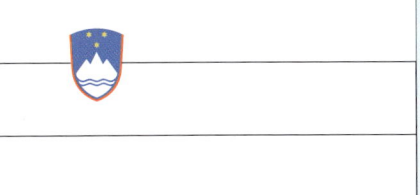

슬라브 민족의 3가지 색깔과 슬로베니아에서 가장 높은 트리글라브 산이 들어있는 국가 문장이 있어요.

Q. 알프스의 빙하가 녹아 만들어진 호수는?

ㅂㄹㄷ ㅎㅅ

Q. 슬로베니아에서 많이 먹는 생선은?

ㅅㅇ

유럽에 있는 나라

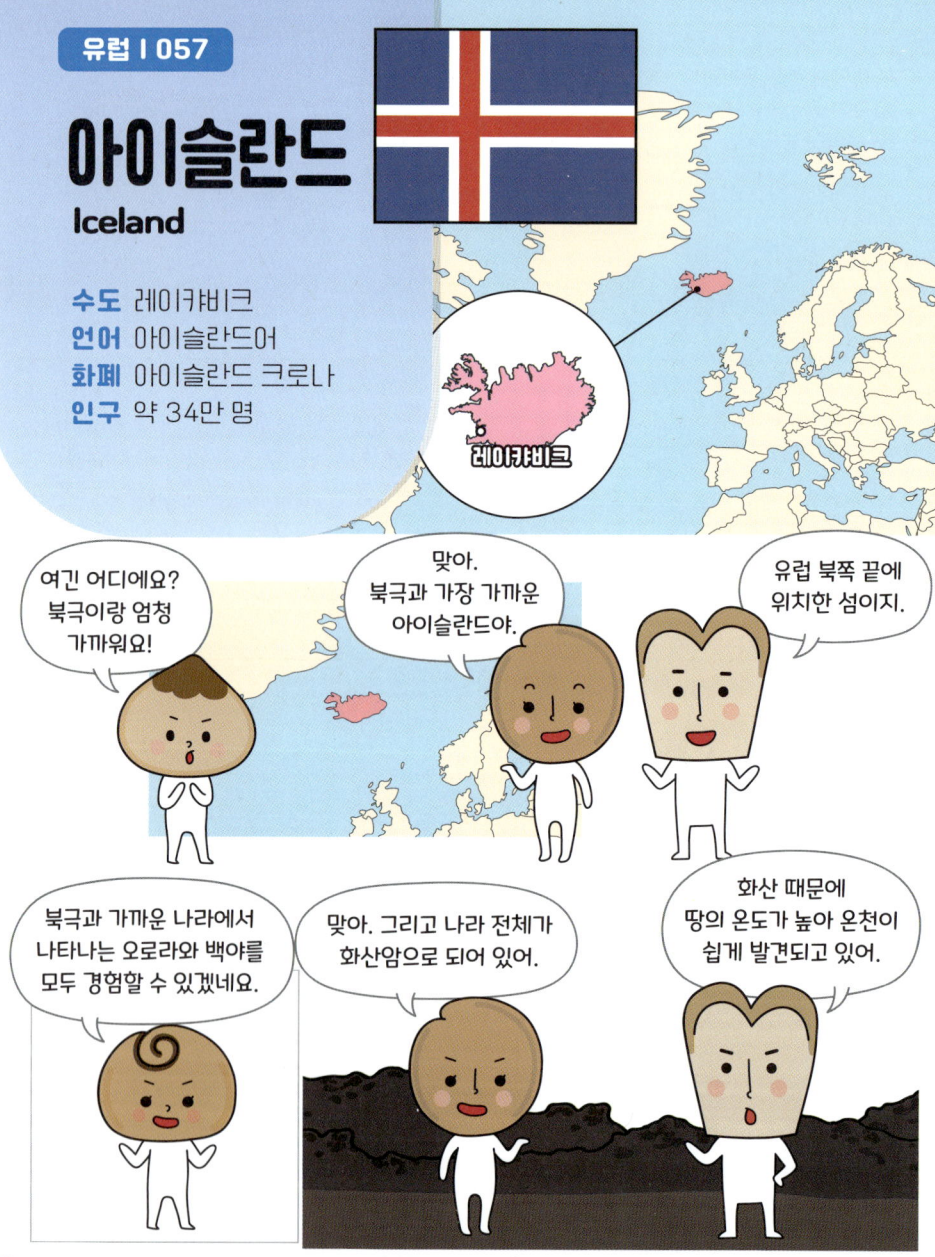

국기를 색칠해요

파란색은 하늘과 바다, 하얀색은 빙하와 산, 빨간색은 화산과 분화를 뜻해요.

Q. 유럽에서 가장 큰 노천 온천은?

ㅂㄹ ㄹㄱ

Q. 아이슬란드 바다에 많이 서식하고 있는 동물은?

ㄱㄹ

유럽에 있는 나라

유럽 | 058

아일랜드
Ireland

수도 더블린
언어 아일랜드어, 영어
화폐 유로
인구 약 498만 명

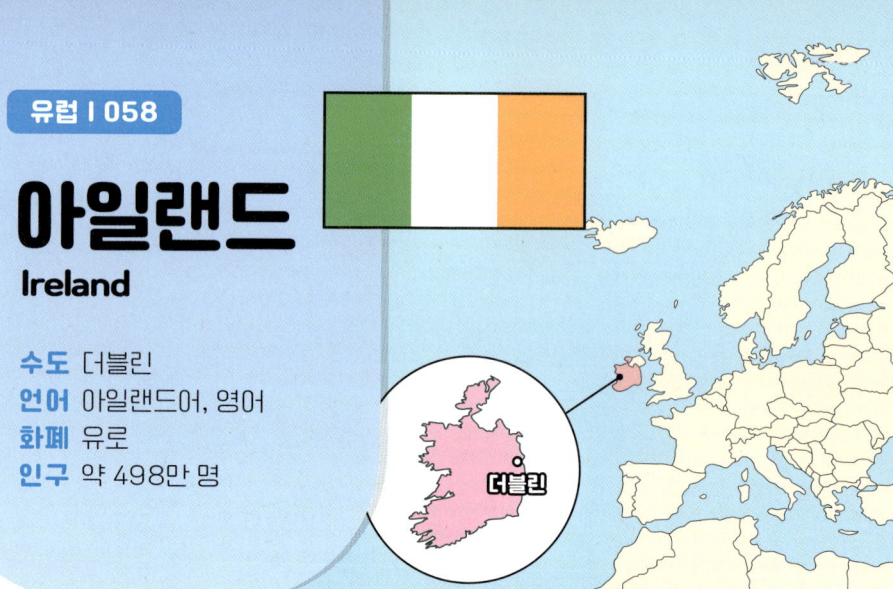

그런데 사람들이 전부 초록색 옷을 입고 있어요.

이 나라에 기독교를 전한 사람을 기념하는 '성 패트릭의 날'인가 봐.

이날엔 모두 초록색 옷과 클로버 장식을 하고 축제를 즐긴대.

저희도 축제 참여해요! 초록색으로 꾸밀 게 뭐 없나?

그러야 뭐하니?

초록색 옷은 없으니 초록색 칠이라도 하려고요.

두리번

문질

국기를 색칠해요

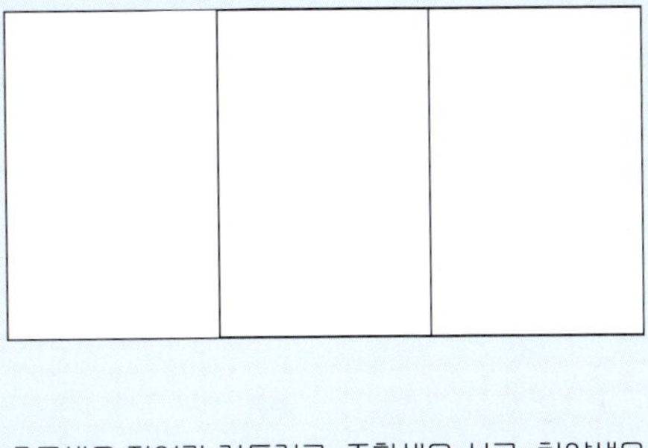

초록색은 자연과 가톨릭교, 주황색은 신교, 하얀색은 두 종교의 평화와 이해를 뜻해요.

Q. 아일랜드에 있는 200m가 넘는 높이의 절벽은?

ㅁㅎ ㅈㅂ

Q. 아일랜드에 기독교를 전한 사람을 기리는 날은?

ㅅ ㅍㅌㄹㅇ ㄴ

유럽에 있는 나라

알바니아
Albania

유럽 | 059

수도 티라나
언어 알바니아어
화폐 레크
인구 약 287만 명

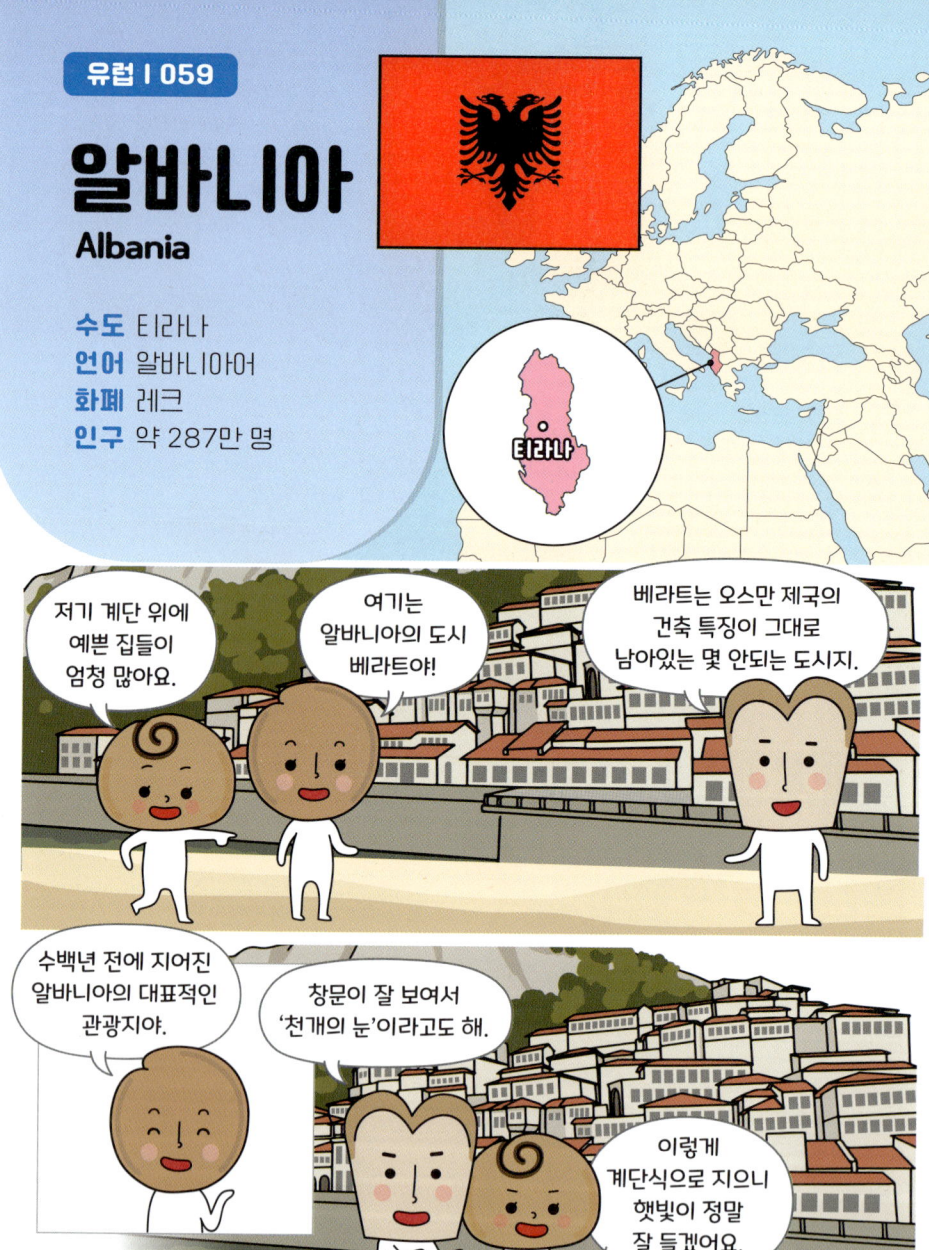

국기를 색칠해요

중세 알바니아의 영웅인 스칸데르베그의 문장을 가운데 넣었어요.

Q. 알바니아의 수도는?

ㅌㄹㄴ

Q. 오스만 제국의 건축 특징이 그대로 남아 있는 도시는?

ㅂㄹㅌ

유럽에 있는 나라

유럽 | 060

에스토니아
Estonia

수도 탈린
언어 에스토니아어, 러시아어
테레
화폐 유로
인구 약 132만 명

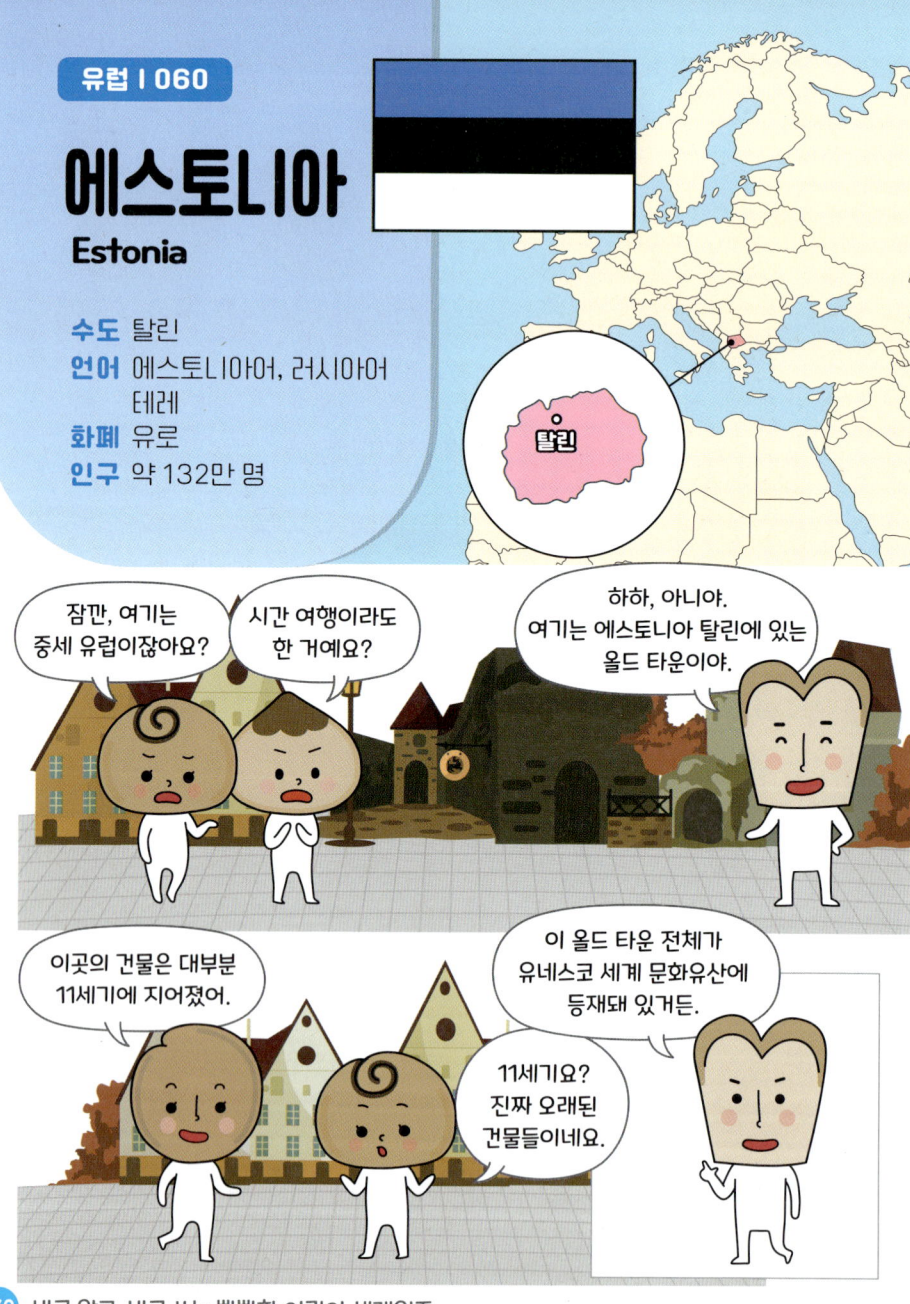

국기를 색칠해요

파란색은 전통 색깔이에요. 검은색은 힘들었던 역사, 하얀색은 각오를 의미해요.

Q. 에스토니아의 수도는?

ㅌㄹ

Q. 탈린의 올드 타운으로 들어가는 문의 이름은?

ㅂㄹ ㄱㅇㅊ

유럽에 있는 나라

영국
United Kingdom

수도 런던
언어 영어
화폐 파운드
인구 약 6,820만 명

"이곳 영국은 해가 지지 않는 나라로 불렸어."

"영국도 백야가 있어요?"

"지구 반대편에도 영국 땅이 있어서 한쪽 해가 지면 다른 쪽 영국 땅에서 해가 뜬다는 소리야."

"그럼 영국이 그 많은 땅을 다 가지고 있었다는 거야?"

"그럼! 1,2차 세계 대전을 겪고 지금의 영국으로 돌아오긴 했지만."

"여기 버킹엄 궁전에는 영국 국왕이 살고 있어."

"영국 사람들은 국왕을 국가를 상징하는 존재로 여길 만큼 존경 해."

버킹엄 궁전 옆 이 커다란 시계 '빅벤'도 영국을 상징하는 건축물이라 할 수 있지.

우와, 진짜 큰 시계다!

유명한 비극 「햄릿」을 쓴 윌리엄 셰익스피어도 영국 사람이야.

셰익스피어는 지금까지도 영국 문학에 큰 영향을 끼치고 있지.

그리고 해리 포터를 쓴 조앤 롤링 작가도 있잖아요!

우와!

잠깐, 너 누군지 모르지?

아… 아니야! 알아!

국기를 색칠해요

잉글랜드, 스코틀랜드, 아일랜드 세 나라의 국기를 합쳐서 만들었어요.
이 무늬는 유니언 잭이라고도 불러요.

Q. 영국을 상징하는 시계탑은?

ㅂㅂ

Q. 영국 문학에 큰 영향을 미친 세계적인 작가는?

ㅇㄹㅇ ㅅㅇㅅㅍㅇ

유럽에 있는 나라

국기를 색칠해요

옛날 십자군 전쟁 때 큰 업적을 세운 사람이 전쟁이 끝나고 허리띠를 풀자, 그 부분만 하얗고 나머지는 모두 빨갰다는 이야기대로 만들어진 국기예요.

Q. 오스트리아를 빛낸 대표적인 음악가는?

ㅁㅊㄹㅌ

Q. 600년 동안 중부 유럽을 통치한 왕조는?

ㅎㅅㅂㄹㅋ ㅇㅈ

유럽에 있는 나라

유럽 | 063

우크라이나
Ukraine

수도 키예프
언어 우크라이나어, 러시아어
화폐 흐리브나
인구 약 4,346만 명

키예프

"땅도 영양분이 풍부한 흑토여서 농작물이 아주 잘 자라."

"엄청 넓은 평야예요!"

"우크라이나는 95%가 평지이고 그 중 85%가 농사 짓는 땅이야."

"바로 옆 나라 러시아 때문에 작아 보이지만 유럽에선 러시아 다음으로 큰 나라지."

"이렇게 넓은 땅에서 농사를 지으면 곡식이 많이 나겠어요."

"맞아. 세계에서 손꼽힐 정도로 많은 밀이 수확되지."

국기를 색칠해요

파란색은 하늘, 노란색은 크고 비옥한 땅, 또는 우크라이나 민족을 상징해요.

Q. 우크라이나의 수도는?

ㅋㅇㅍ

Q. 우크라이나의 95%를 이루는 지형은?

ㅍㅇ

유럽 | 064

이탈리아
Italy

수도 로마
언어 이탈리아어
화폐 유로
인구 약 6,036만 명

국기를 색칠해요

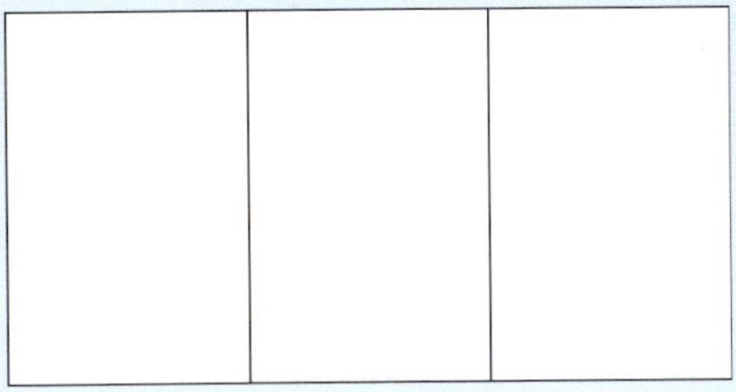

초록색은 나라 땅, 하얀색은 알프스산맥의 눈과 평화, 빨간색은 애국을 의미해요.

Q. 이탈리아의 수도이자 고대 문명의 중심지였던 나라의 이름은?

ㄹㅁ

Q. 이탈리아를 대표하는 천재 미술가 중 한 명의 이름은?

ㅁㅋㄹㅈㄹ

유럽 | 065

체코
Czech

수도 프라하
언어 체코어
화폐 코루나
인구 약 1,072만 명

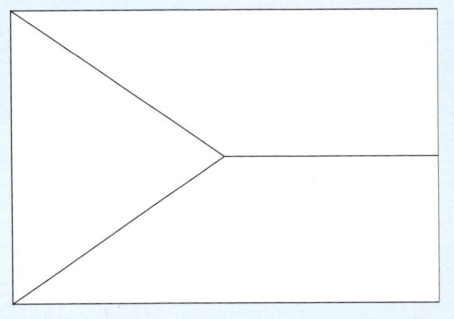

국기를 색칠해요

빨간색과 하얀색은 체코의 보헤미아 지역을 상징하는 색이고 다른 나라와 구분하기 위해 파란색 삼각형으로 넣었어요.

Q. 야경이 아름다운 성의 이름은?

ㅍ ㄹ ㅎ ㅅ

Q. 체코에서 유명한 실을 연결해 움직이는 인형 이름은?

ㅁ ㄹ ㅇ ㄴ ㅌ

유럽에 있는 나라

유럽 l 066

크로아티아
Croatia

수도 자그레브
언어 크로아티아어
화폐 쿠나
인구 약 408만 명

"지중해를 품은 아름다운 나라가 여기 또 있네요?"

"크로아티아는 아드리아 해의 진주로 불려."

"옆 나라 보스니아 헤르체고비나의 해변을 몽땅 가져왔나 봐."

"그러게 모양이 꼭 부메랑처럼 생겼다."

"특히 플리트비체 국립공원은 크로아티아에서도 가장 아름다운 곳으로 꼽혀."

"빽빽하게 자란 숲 사이로 가지각색의 호수와 계곡, 폭포가 어우러져 한 폭의 그림 같지."

국기를 색칠해요

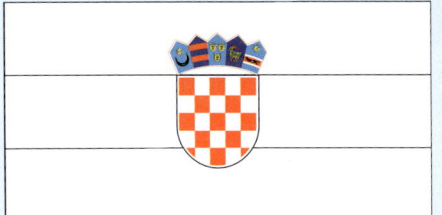

빨간색, 하얀색, 파란색은 크로아티아 사람들이 힘을 모으는 걸 의미해요.

Q. 크로아티아의 수도는?

ㅈㄱㄹㅂ

Q. 크로아티아에서 가장 아름다운 국립공원은?

ㅍㄹㅌㅂㅊ ㄱㄹㄱㅇ

유럽 l 067

포르투갈
Portugal

수도 리스본
언어 포르투갈어
화폐 유로
인구 약 1,016만 명

여기는 대항해시대의 문을 연 나라 포르투갈이야!

대항해시대요?

아프리카와 아시아를 향한 항로를 개척한 시대야.

대항해시대는 아시아의 향신료와 도자기 등을 수입해오기 위해 시작됐어.

유럽 제일 서쪽 대서양과 맞닿아 있으니 바다로 나가기 쉬웠겠네요.

그래서 전 세계에 식민지를 세우고 한때 번영을 누리던 나라였지.

대서양

바로 알고, 바로 쓰는 빵빵한 어린이 세계일주

지금은 그때만큼 강한 나라는 아니지만 자연과 문화가 어우러진 아름다운 나라야.

유럽에서 물가도 저렴한 편이라 관광하기 좋지.

바다 위에 저 탑은 뭐예요?

저 탑은 인도 항로를 개척한 바스쿠 다 가마를 기리기 위한 벨렝탑이야.

배를 타고 떠났던 사람들이 돌아올 때 이 탑을 보고 고향에 돌아온 것을 알 수 있었다고 해.

그래서 바다 위에 있구나.

국기를 색칠해요

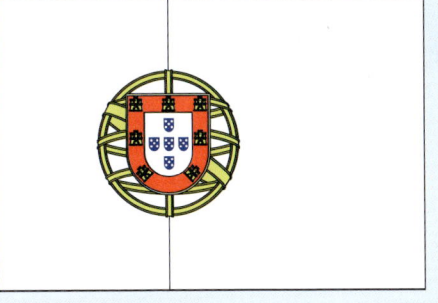

가운데 노란 동그라미는 지구, 동그라미 안에 빨간색 방패는 포르투갈 사람들이 탐험했던 세계를 뜻해요.

Q. 포르투갈과 맞닿아 있는 큰 바다의 이름은?

ㄷㅅㅇ

Q. 인도로 가는 항로를 개척한 사람을 기리기 위해 지어진 탑은?

ㅂㄹㅌ

유럽에 있는 나라

유럽 | 068

폴란드
Poland

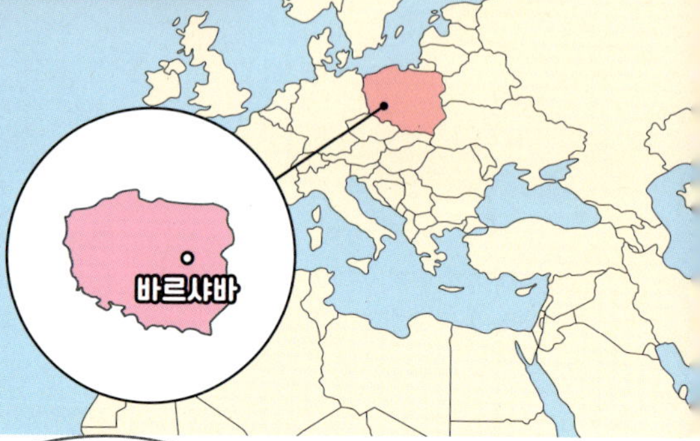

수도 바르샤바
언어 폴란드어
화폐 즈워티
인구 약 3,779만 명

폴란드도 평야가 많네요.

그럼 농사가 잘되겠다.

그렇긴 하지만 공격을 막아줄 산이 없어 독일이나 러시아 같은 주변 나라로부터 침략을 많이 받았어.

그랬구나…

여기는 소금을 캐던 비엘리치카 소금 광산이야.

소금을 바다가 아니라 광산에서 캔다고요?

국기를 색칠해요

하얀색은 기쁨, 빨간색은 독립을 의미해요.

Q. 폴란드의 수도는?

ㅂㄹㅅㅂ

Q. 폴란드의 관광 명소로 소금을 캐던 광산은?

ㅂㄹㅊㅋ ㅅㄱㄱㅅ

유럽 | 069

프랑스
France

수도 파리
언어 프랑스어
화폐 유로
인구 약 6,542만 명

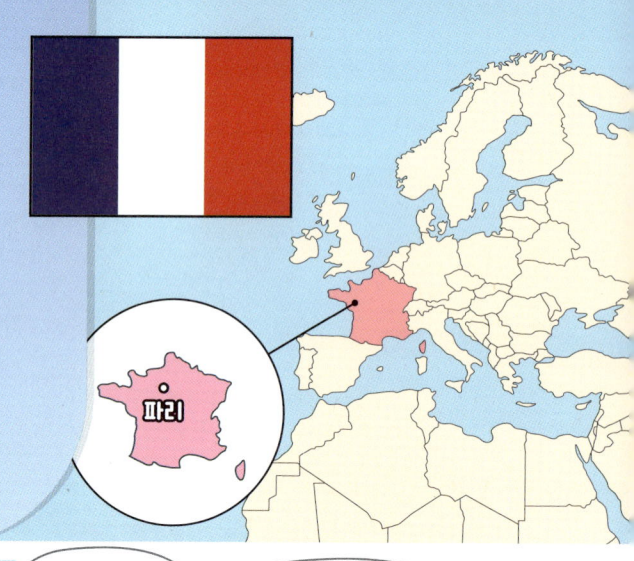

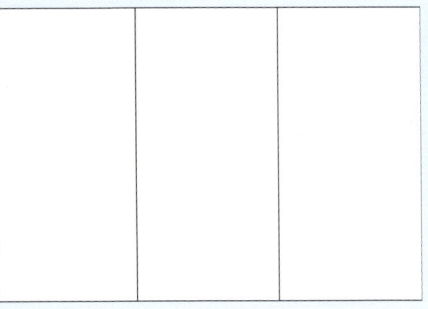

국기를 색칠해요

프랑스 혁명의 정신인 자유, 평등, 박애를 의미하는 3가지 색깔을 국기에 사용했어요.

Q. 프랑스 파리의 상징인 건물은?

ㅇㅍㅌ

Q. 평등을 위해 싸운 프랑스의 시민 운동은?

ㅍㄹㅅ ㅎㅁ

유럽에 있는 나라

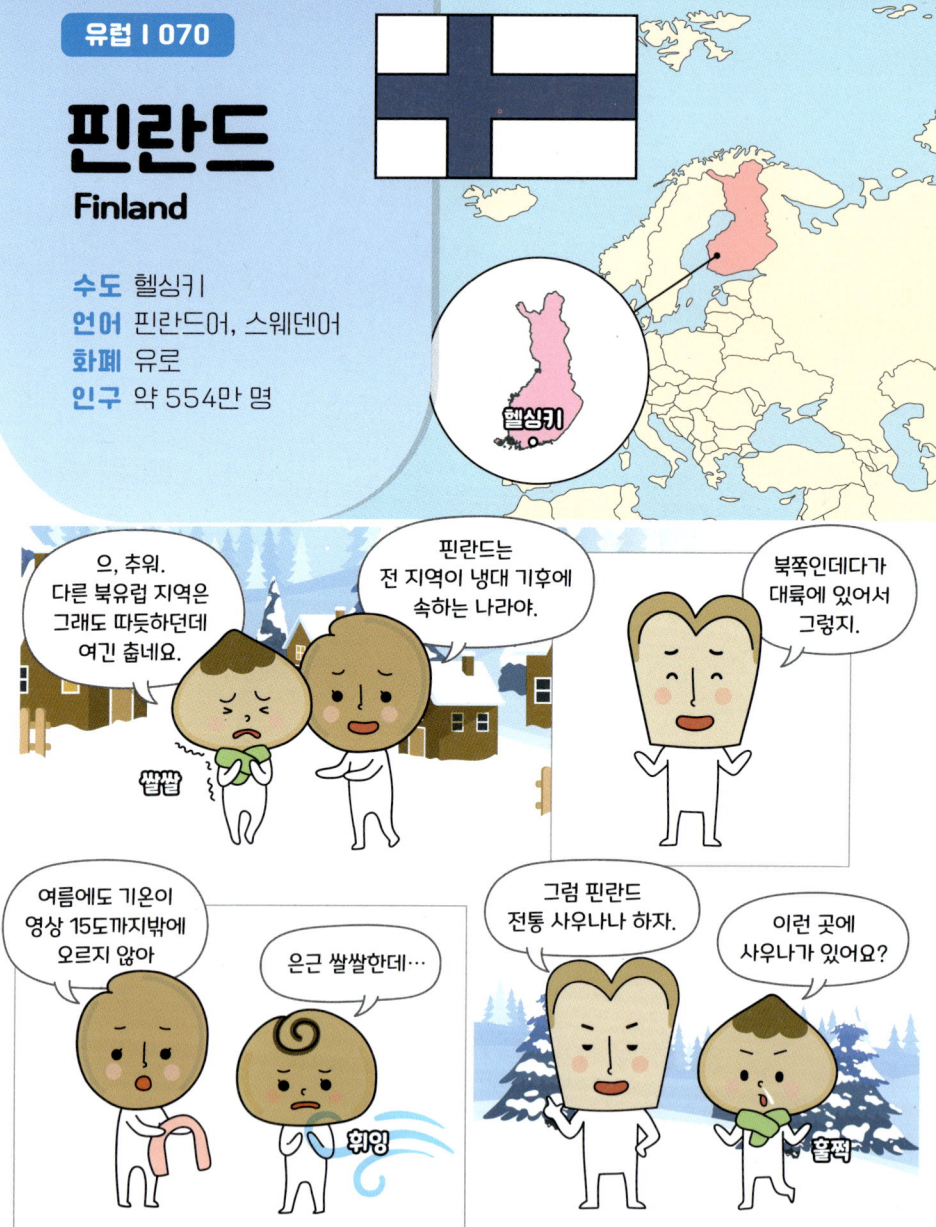

국기를 색칠해요

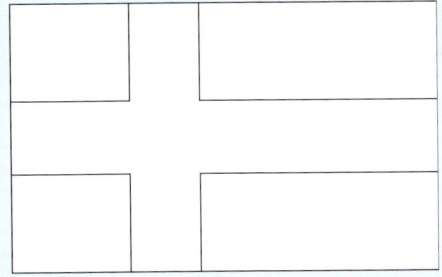

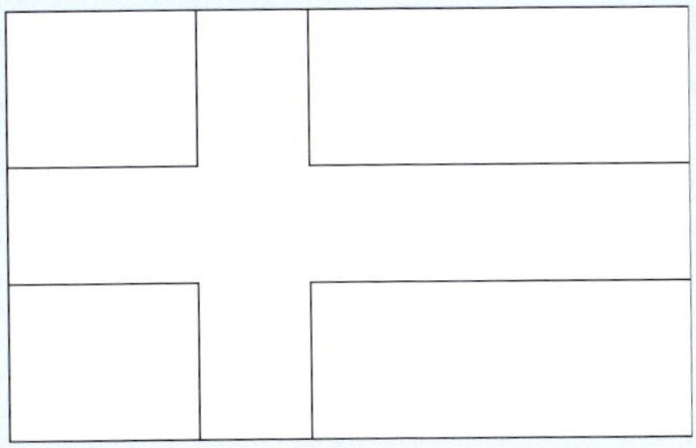

하얀색 바탕은 겨울의 하얀 눈, 파란색 십자가는 호수의 푸른 물을 뜻해요.

Q. 핀란드 전통 목욕 방식으로 세계 문화유산에 등재된 것은?

ㅅㅇㄴ

Q. 핀란드 북쪽에 살고 있는 크리스마스에 선물을 나눠주는 사람은?

ㅅㅌㅋㄹㅅ

유럽에 있는 나라

유럽 | 071

헝가리
Hungary

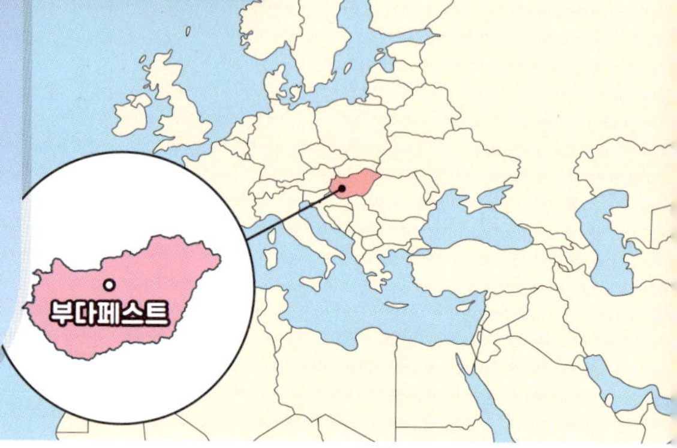

수도 부다페스트
언어 헝가리어
화폐 포린트
인구 약 963만 명

우와, 저기 성 좀 보세요!

저건 성이 아니라 국회의사당이야.

네? 너무 멋져서 성인 줄 알았어요.

다뉴브강을 따라 19세기에 지어진 건축물들이 정말 아름답지?

다뉴브강은 독일에서부터 흑해까지 이어지는 큰 강이지.

바다가 없는 헝가리에 물자 이동을 돕는 중요한 물길이었어.

바로 알고, 바로 쓰는 빵빵한 어린이 세계일주

국기를 색칠해요

빨간색은 힘, 하얀색은 성실, 초록색은 희망을 의미해요.

Q. 헝가리의 수도는?

ㅂㄷㅍㅅㅌ

Q. 부다페스트를 가로지르는 큰 강의 이름은?

ㄷㄴㅂㄱ

유럽에 있는 나라

3장

아프리카에 있는 나라들

072. 가나
073. 나이지리아
074. 남아프리카공화국
075. 르완다
076. 리비아
077. 마다가스카르
078. 모로코
079. 모리셔스
080. 세네갈
081. 소말리아
082. 수단
083. 알제리
084. 에티오피아
085. 우간다
086. 이집트
087. 중앙아프리카공화국
088. 짐바브웨
089. 카메룬
090. 케냐
091. 코트디부아르
092. 콩고공화국
093. 탄자니아

아프리카 | 072

가나
Ghana

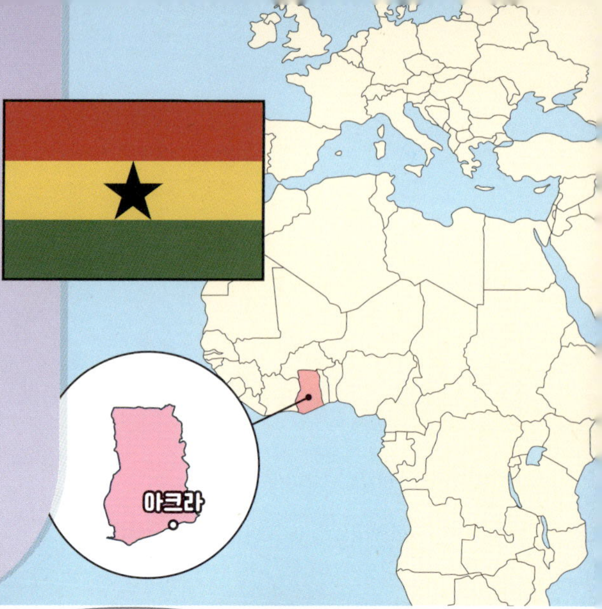

수도 아크라
언어 영어
화폐 가나 세디
인구 약 3,173만 명

> 여기는 초콜릿을 만드는 카카오의 나라 가나 아니에요?

> 맞아. 가나는 카카오가 풍부하게 나는 나라지.

> 그 외에도 금이랑 다이아몬드가 많이 나와.

> 금이랑 다이아몬드를 두고 카카오를 기억하다니…

> 초콜릿이 더 좋아!

> 가나는 영국의 식민 지배 영향으로 영어를 사용해.

바로 알고, 바로 쓰는 빵빵한 어린이 세계일주

여기도 영국의 식민지였구나.

대부분의 사람들은 영어와 부족어를 포함해 2가지 언어를 사용할 수 있다고 해.

또 아프리카 국가 중 학교가 가장 많아.

아프리카는 교육 받기 힘들다던데 가나는 다른 나라에 비해 교육 받기 좋은 환경이네요.

그리도 좀 본받아야 하지 않을까?

난 대신 운동을 잘하잖아요!

국기를 색칠해요

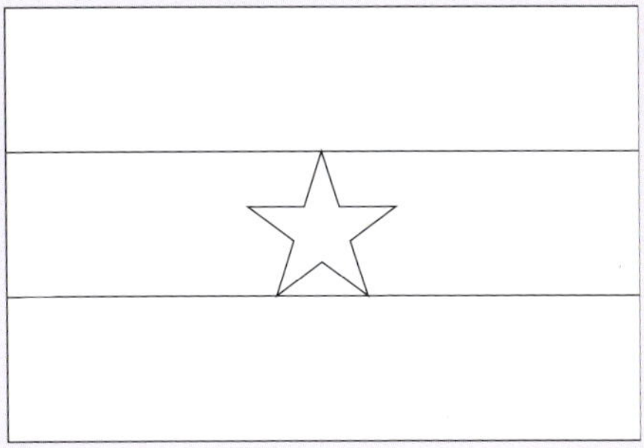

빨간색은 독립을 위해 흘린 피, 노란색은 금, 초록색은 자연을 뜻해요. 가운데 아프리카의 자유를 뜻하는 별이 있어요.

Q. 가나의 수도는?

ㅇㅋㄹ

Q. 초콜릿을 만드는 재료로 가나에서 많이 나는 열매는?

ㅋㅋㅇ

아프리카에 있는 나라

아프리카 | 073

나이지리아
Nigeria

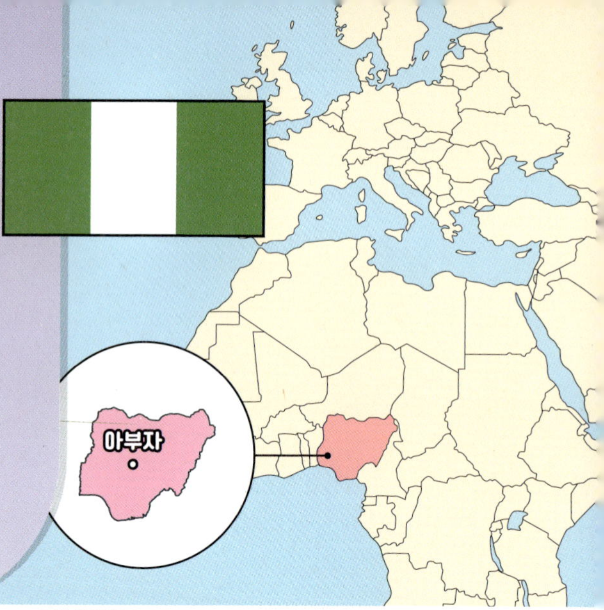

수도 아부자
언어 영어
화폐 나이라
인구 약 2억 1,140만 명

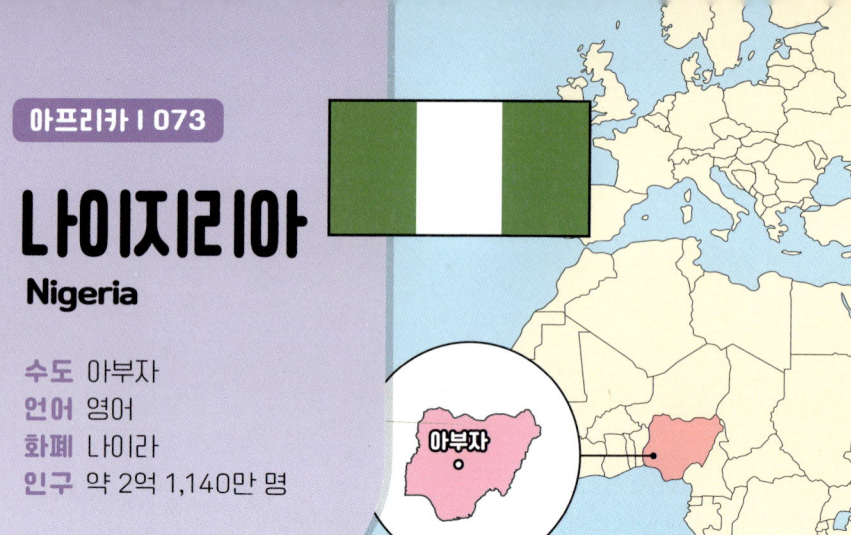

국기를 색칠해요

초록색은 천연자원, 하얀색은 평화와 화합을 의미해요.

Q. 아프리카에서 인구가 가장 많은 나라는?

ㄴㅇㅈㄹㅇ

Q. 나이지리아가 특히 잘하는 스포츠는?

ㅊㄱ

아프리카에 있는 나라

아프리카 | 074

남아프리카공화국
South Africa

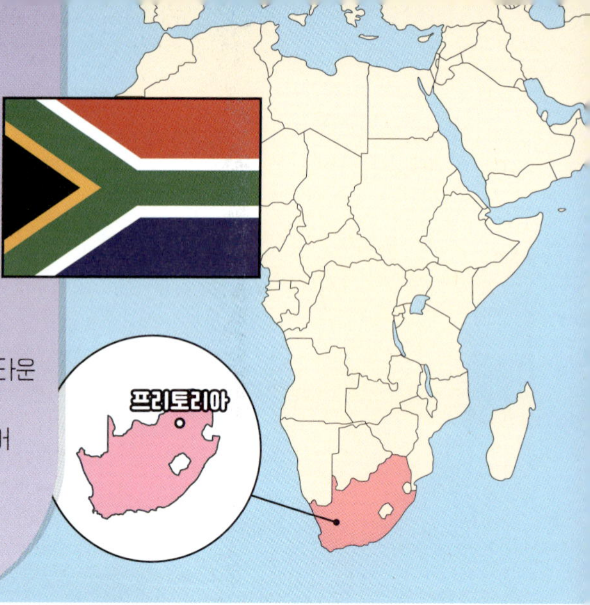

수도 프리토리아(행정), 케이프타운(입법), 블룸폰테인(사법)
언어 영어, 아프리칸스어, 줄루어
화폐 랜드
인구 약 6,004만 명

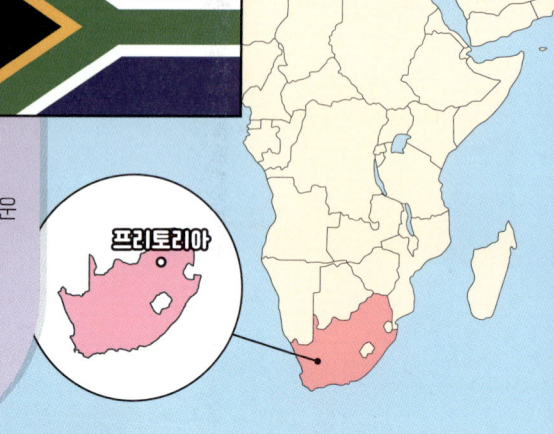

"여기가 희망봉이 있는 남아프리카공화국이에요?"

"희망봉이 뭐야?"

"포르투갈이 대항해시대를 열 때 여기 희망봉을 보고 아프리카 대륙이 끝났다는 걸 알 수 있었대."

"아프리카 끝까지 무사히 도착했다는 걸 이 희망봉을 보고 알았다는 거구나!"

"아하"

"특히 남아프리카공화국은 영국 지배 시절 많은 백인들이 이민을 왔어."

"그래서 백인과 흑인 사이에 심한 차별이 있던 아픈 역사가 있지."

바로 알고, 바로 쓰는 빵빵한 어린이 세계일주

국기를 색칠해요

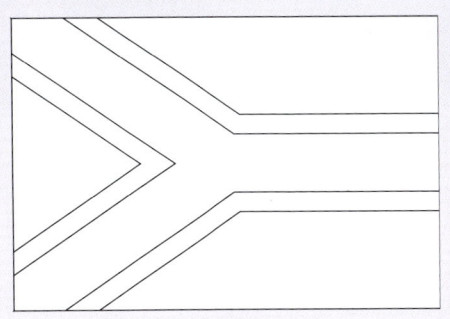

검은색은 흑인, 하얀색은 백인을 뜻해요. Y 자로 겹쳐지는 모양으로 다양한 종족들이 사이좋게 어울림을 표현했어요.

Q. 아프리카 대륙 끝을 알 수 있는 봉우리는?

ㅎ ㅁ ㅂ

Q. 남아프리카공화국에 사는 펭귄의 이름은?

ㅇ ㅍ ㄹ ㅋ   ㅍ ㄱ

아프리카에 있는 나라

르완다
Rwanda

수도 키갈리
언어 키냐르완다어, 영어, 프랑스어
화폐 르완다 프랑
인구 약 1,327만명

"아프리카는 엄청 더운 날씨일 텐데 여기는 시원하네요."

"르완다는 국토의 대부분이 고산지대여서 그래."

"'천 개의 언덕을 가진 땅'이라 불리는 험한 산악 지형이거든."

"그런데 땅이 비옥해서 농사가 잘돼."

"그래서 농업이 이 나라의 주요 산업이군요!"

"르완다의 유명한 관광지는 바로 화산국립공원이야."

"화산이 유명해요?"

국기를 색칠해요

파란색은 평화, 노란색은 경제 발전, 초록색은 번영을 나타내요. 국민이 깨우치는 것을 뜻하는 태양이 있어요.

Q. 국토 대부분이 산지인 르완다의 별명은?

ㅊ ㄱㅇ ㅇㄷㅇ ㄱㅈ ㄸ

Q. 르완다에 300마리가 살고 있는 동물은?

ㅅㅇ ㄱㄹㄹ

아프리카에 있는 나라

아프리카 | 076

리비아
Libya

수도 트리폴리
언어 아랍어
화폐 리비아 디나르
인구 약 695만 명

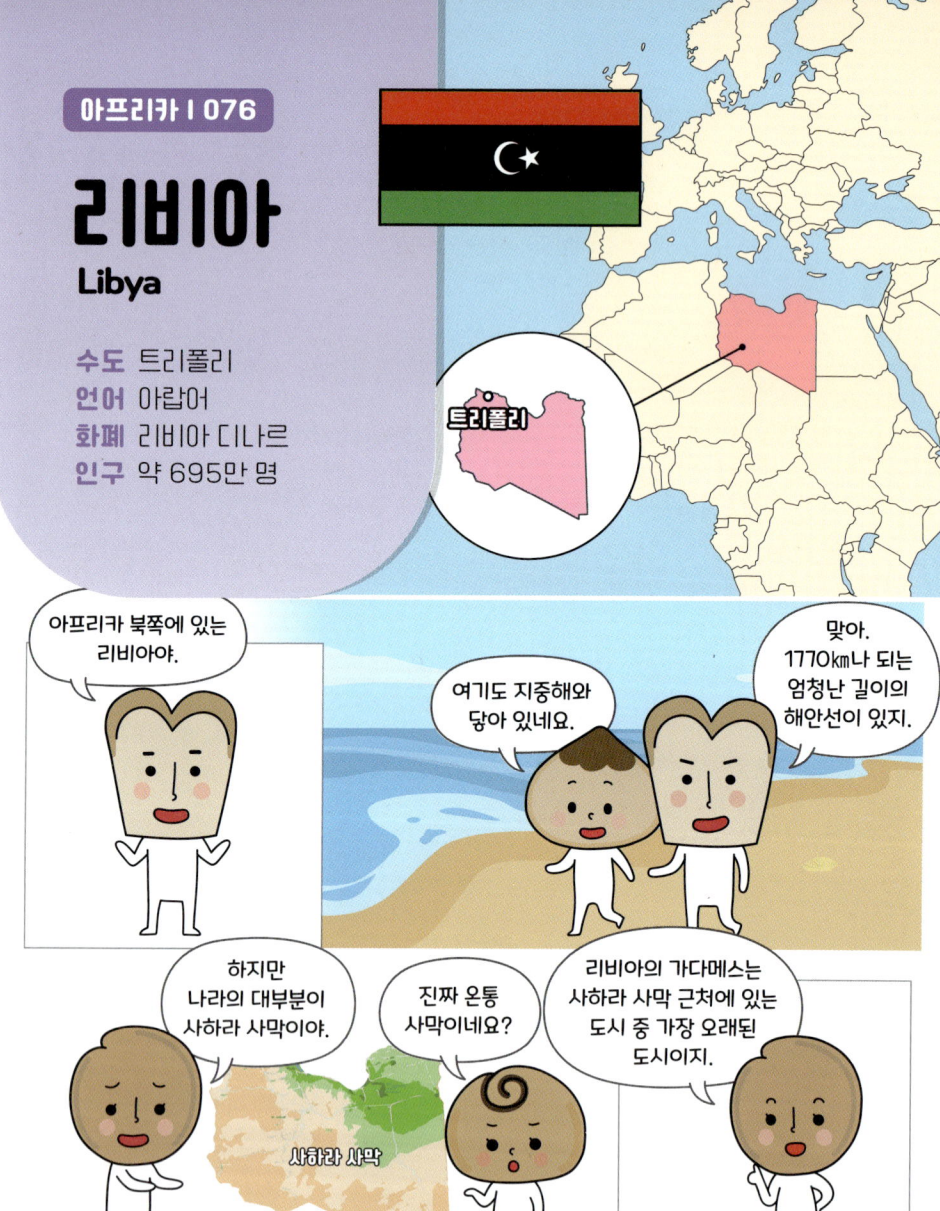

아프리카 북쪽에 있는 리비아야.

여기도 지중해와 닿아 있네요.

맞아. 1770㎞나 되는 엄청난 길이의 해안선이 있지.

하지만 나라의 대부분이 사하라 사막이야.

진짜 온통 사막이네요?

리비아의 가다메스는 사하라 사막 근처에 있는 도시 중 가장 오래된 도시이지.

국기를 색칠해요

빨간색은 독립을 위해 흘린 피, 초록색은 자유와 독립을 의미해요. 이슬람교를 상징하는 초승달과 별이 있어요.

Q. 1,770km나 되는 해안선을 만든 리비아와 닿아 있는 바다는?

ㅈㅈㅎ

Q. 사하라 사막 근처에 있는 가장 오래된 도시는?

ㄱㄷㅁㅅ

아프리카에 있는 나라

아프리카 | 077

마다가스카르
Madagascar

수도 안타나나리보
언어 마다가스카르어, 프랑스어
화폐 아리아리
인구 약 2,842만 명

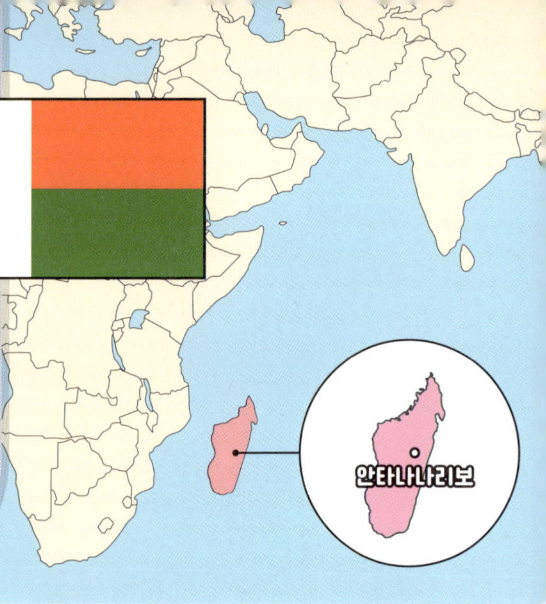

안타나나리보

아프리카에 대륙의 섬나라 마다가스카르야.

푸하하! 저기 뚱뚱한 나무가 있어요!

저건 뚱뚱한 나무가 아니라 바오바브나무야.

뿌리가 위로 자라는 것처럼 생겼어요.

여기는 대륙과 떨어져 있다 보니 희귀한 동식물이 많이 살고 있거든.

에이, 그럼 빨간색 개구리도 있어요?

당연하지!

166 바로 알고, 바로 쓰는 빵빵한 어린이 세계일주

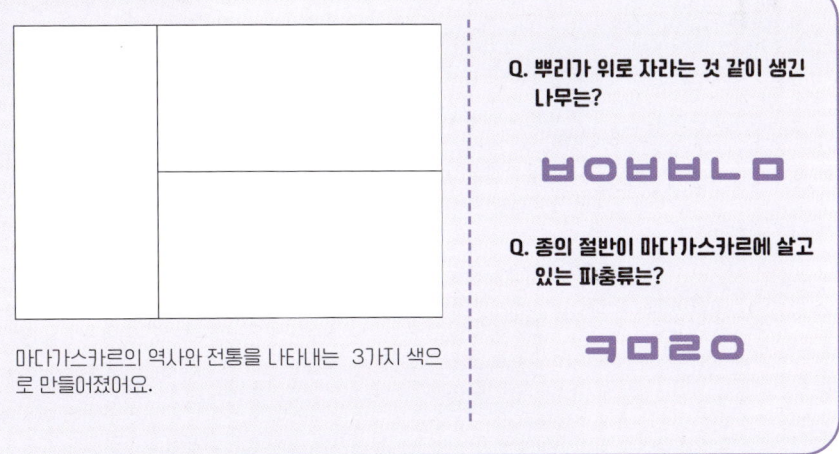

국기를 색칠해요

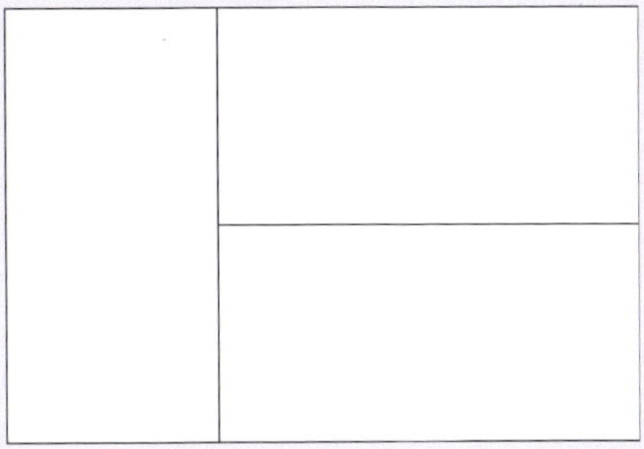

마다가스카르의 역사와 전통을 나타내는 3가지 색으로 만들어졌어요.

Q. 뿌리가 위로 자라는 것 같이 생긴 나무는?

ㅂㅏㅇㅂㅏㄴㅁ

Q. 종의 절반이 마다가스카르에 살고 있는 파충류는?

ㅋㅁㄹㅇ

아프리카에 있는 나라

아프리카 | 078

모로코
Morocco

수도 라바트
언어 아랍어, 베르베르어, 프랑스어
화폐 모로코 디르함
인구 약 3,734만 명

라바트

모로코는 아프리카이지만 스페인과 아주 가까이 있지.

앗, 진짜 끝이 거의 닿아 있다.

고대 로마와 이슬람, 그리고 프랑스와 스페인 식민시절까지 겪어 다양한 문화유산이 남아 있어.

여러 나라와 문화가 섞여 있을 수밖에 없네요.

모로코 최대 도시인 카사블랑카에는 모로코에서 가장 큰 하산 2세 모스크가 있어.

정말 아름다워요!

"모로코 하면 바로 모로코 타일이 떠오르지."

"여러 문화가 섞인 덕분에 수공예 부문에서 예술 감각을 인정 받거든."

"하산 2세 모스크도 예쁜 타일로 장식돼 있어요."

"이 모스크를 짓기 위해 국민들이 하나하나 타일을 제작했대."

"그래서 국민 통합의 상징이기도 하지."

"그래서 더 멋진 모스크네요!"

국기를 색칠해요

빨간색은 순교자의 피와 왕실, 초록색은 평화와 자연을 나타내요. 별의 다섯가지 끝부분은 이슬람교의 법을 상징해요.

Q. 모로코와 국경을 맞대고 있는 나라는?

ㅅㅍㅇ

Q. 모로코에서 가장 큰 모스크는?

ㅎㅅㅇㅅ 모스크

아프리카에 있는 나라

아프리카 | 079

모리셔스
Mauritius

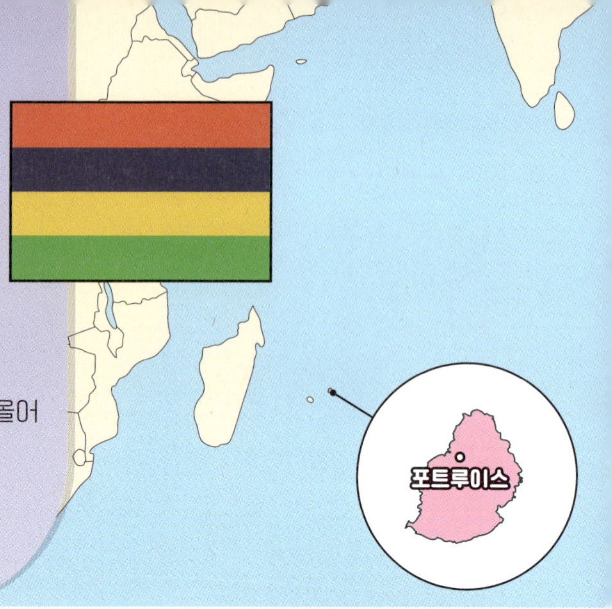

수도 포트루이스
언어 영어, 프랑스어, 크레올어
화폐 모리셔스 루피
인구 약 127만 명

포트루이스

마다가스카르 옆에 위치한 작은 섬 모리셔스야.

여기는 딱 봐도 관광지네요. 맞죠?

맞아. 하지만 관광만큼 금융업이 유명한 나라지.

모리셔스는 아프리카 금융의 중심지거든.

경제적 정치적 수준이 아주 높고 치안도 좋은 나라야.

그렇구나! 꼭 싱가포르 같네.

국기를 색칠해요

나라를 이루는 민족인 인도인, 유럽인, 아프리카인, 중국인을 뜻하는 네가지 색으로 만들어졌어요.

Q. 모리셔스의 수도는?

ㅍㅌㄹㅇㅅ

Q. 모셔스 바다에서 볼 수 있는 신기한 현상은?

ㅂㄷ ㅍㅍ

아프리카에 있는 나라

여기 항구에 다양한 나라의 배들이 모여 있어요.

세네갈은 유럽과 아프리카, 아메리카 대륙을 잇는 해양 교역로의 중심이야.

아프리카에서 항공 교통도 편리해 관광객이 많이 찾지.

정말 세 대륙이 다 가깝잖아?

그래서 이곳엔 아프리카 사람들을 노예로 잡아 유럽으로 보내는 항구로 쓰였던 고레섬이 있어.

정말 슬픈 역사네요.

국기를 색칠해요

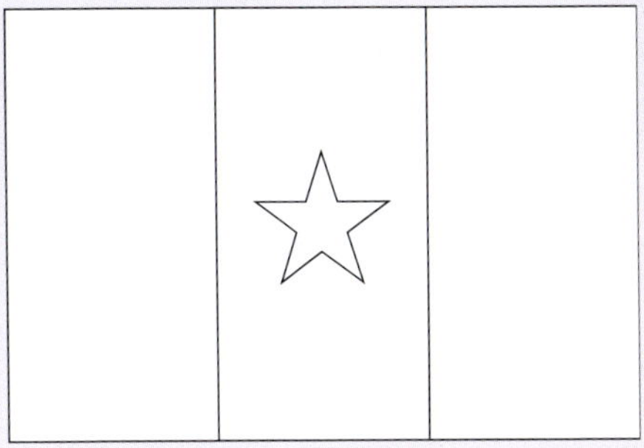

아프리카 색인 초록색, 노란색, 빨간색 세 가지 색에 한 개의 초록색 별이 있어요.

Q. 세네갈에서 많이 수출하는 작물은?

ㄸㅋ

Q. 아프리카 사람들을 노예로 잡아 유럽으로 보낸 항구로 쓰였던 섬은?

ㄱㄹㅅ

아프리카에 있는 나라

아프리카 | 081

소말리아
Somalia

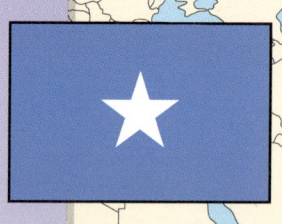

수도 모가디슈
언어 소말리아어, 아랍어
화폐 소말리아 실링
인구 약 1,635만 명

모가디슈

뭐하니, 그리야?
지긋이

소말리아가 꼭 알파벳 브이(V)처럼 생겨서요.
맞아. 꼭 뿔같이 생겼지?

그래서 소말리아를 아프리카의 뿔이라고 불러.
뿔이요? 그럼 '코뿔소말리아'라고 불러야지.
재미없어.

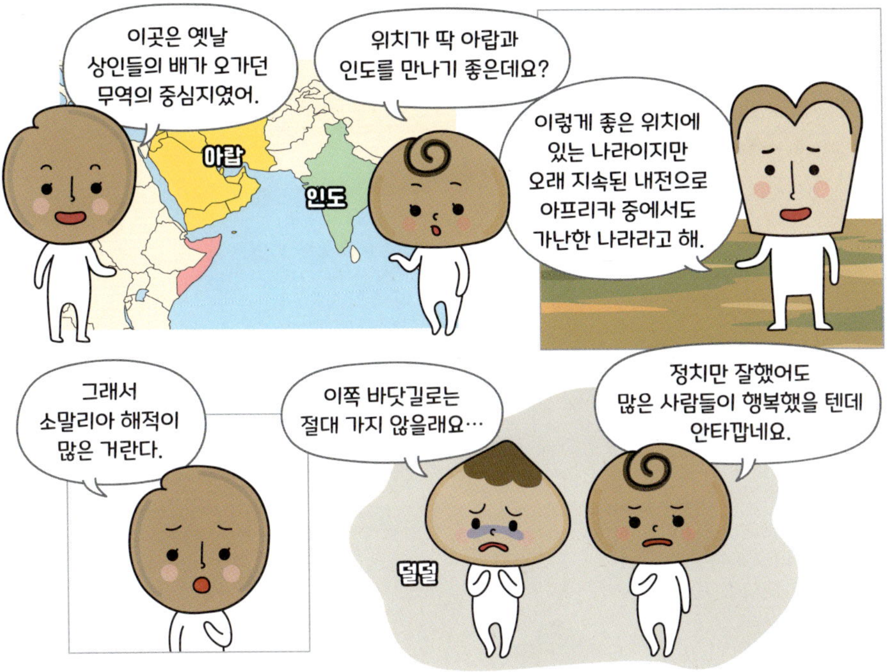

국기를 색칠해요

유럽 연합의 깃발과 같은 하늘색과 소말리아 5개 지역이 하나가 됨을 의미하는 별이 있어요.

Q. 소말리아의 수도는?

ㅁㄱㄷㅅ

Q. 뿔처럼 생긴 소말리아를 부르는 별명은?

ㅇㅍㄹㅋㅇ ㅃ

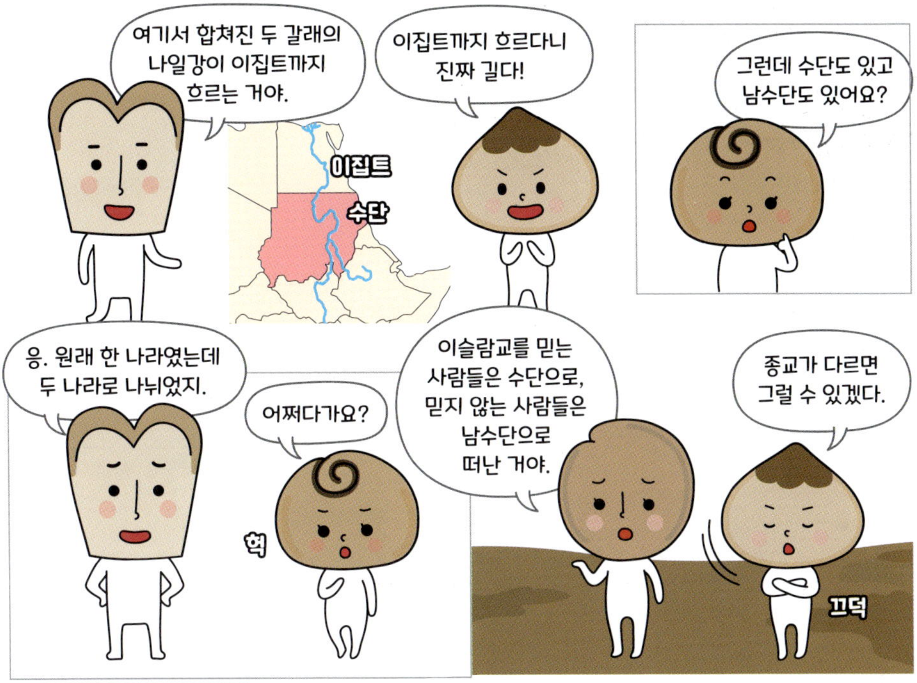

여기서 합쳐진 두 갈래의 나일강이 이집트까지 흐르는 거야.

이집트까지 흐르다니 진짜 길다!

그런데 수단도 있고 남수단도 있어요?

응. 원래 한 나라였는데 두 나라로 나뉘었지.

어쩌다가요?

이슬람교를 믿는 사람들은 수단으로, 믿지 않는 사람들은 남수단으로 떠난 거야.

종교가 다르면 그럴 수 있겠다.

헉

끄덕

국기를 색칠해요

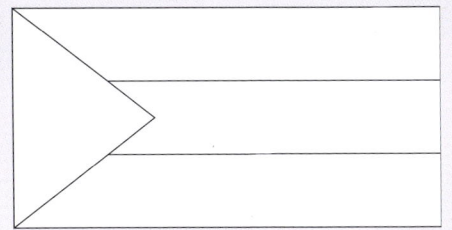

빨간색은 독립, 하얀색은 평화, 검은색은 수단, 초록색은 이슬람교를 의미해요.

Q. 세계에서 가장 많은 피라미드를 가지고 있는 수단의 섬은?

ㅁㄹㅇㅅ

Q. 수단과 하나였다가 나뉘어진 나라의 이름은?

ㄴㅅㄷ

아프리카에 있는 나라

아프리카 | 083

알제리
Algeria

수도 알제
언어 아랍어, 베르베르어
화폐 알제리 디나르
인구 약 4,461만 명

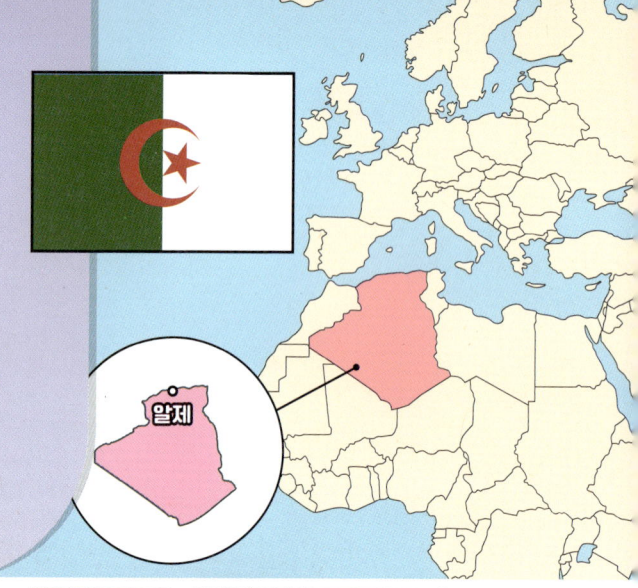

아까는 지중해 항구 도시였는데 내륙으로 갈수록 사막뿐이네요.

여기도 나라의 대부분이 사막인가 봐요.

알제리에는 세상에서 가장 넓은 사막인 사하라 사막이 있거든.

북아프리카는 대부분이 사하라 사막으로 덮여 있어.

사하라 사막

사막 때문인가 석유나 천연가스가 많은가 봐요.

그럼, 사막이라 오히려 좋네.

국기를 색칠해요

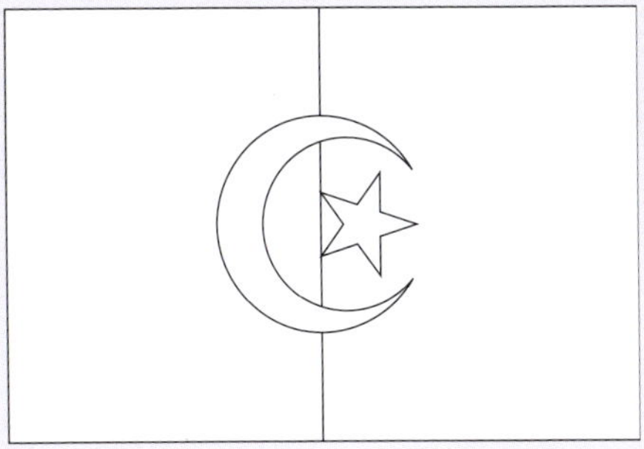

이슬람교를 나타내는 초승달과 별을 넣었어요.

Q. 알제에 있는 술탄이 살던 성이나 건물을 뜻하는 말은?

ㅋ ㅅ ㅂ

Q. 알제리 대부분을 차지하는 커다란 사막은?

ㅅ ㅎ ㄹ   ㅅ ㅁ

아프리카에 있는 나라

아프리카 | 084

에티오피아
Ethiopia

수도 아디스아바바
언어 암하라어, 영어
화폐 비르
인구 약 1억 1,787만 명

아디스아바바

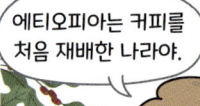
에티오피아는 커피를 처음 재배한 나라야.

우연히 발견한 커피콩으로 커피를 만들었고 전 세계로 퍼지게 됐지.

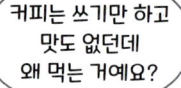
커피는 쓰기만 하고 맛도 없던데 왜 먹는 거예요?

커피 향이 얼마나 좋은데! 아빠는 커피 없이 못 살아!

아빠, 카페인 조심하세요.

에티오피아는 커피를 제조하기 최선의 환경이라 매년 최고급 커피를 생산해.

국기를 색칠해요

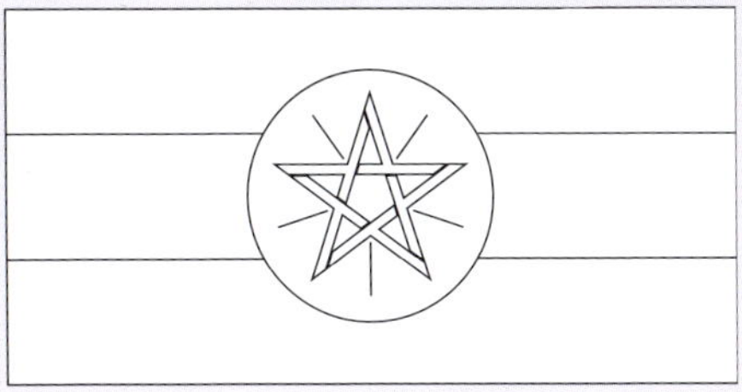

파란색 원은 평화, 노란색 별은 나라의 통합과 발전을 의미해요.

Q. 에티오피아의 수도는

ㅇㄷㅅㅇㅂㅂ

Q. 에티오피아에서 처음 재배하여 세계로 퍼지게 된 것은?

ㅋㅍ

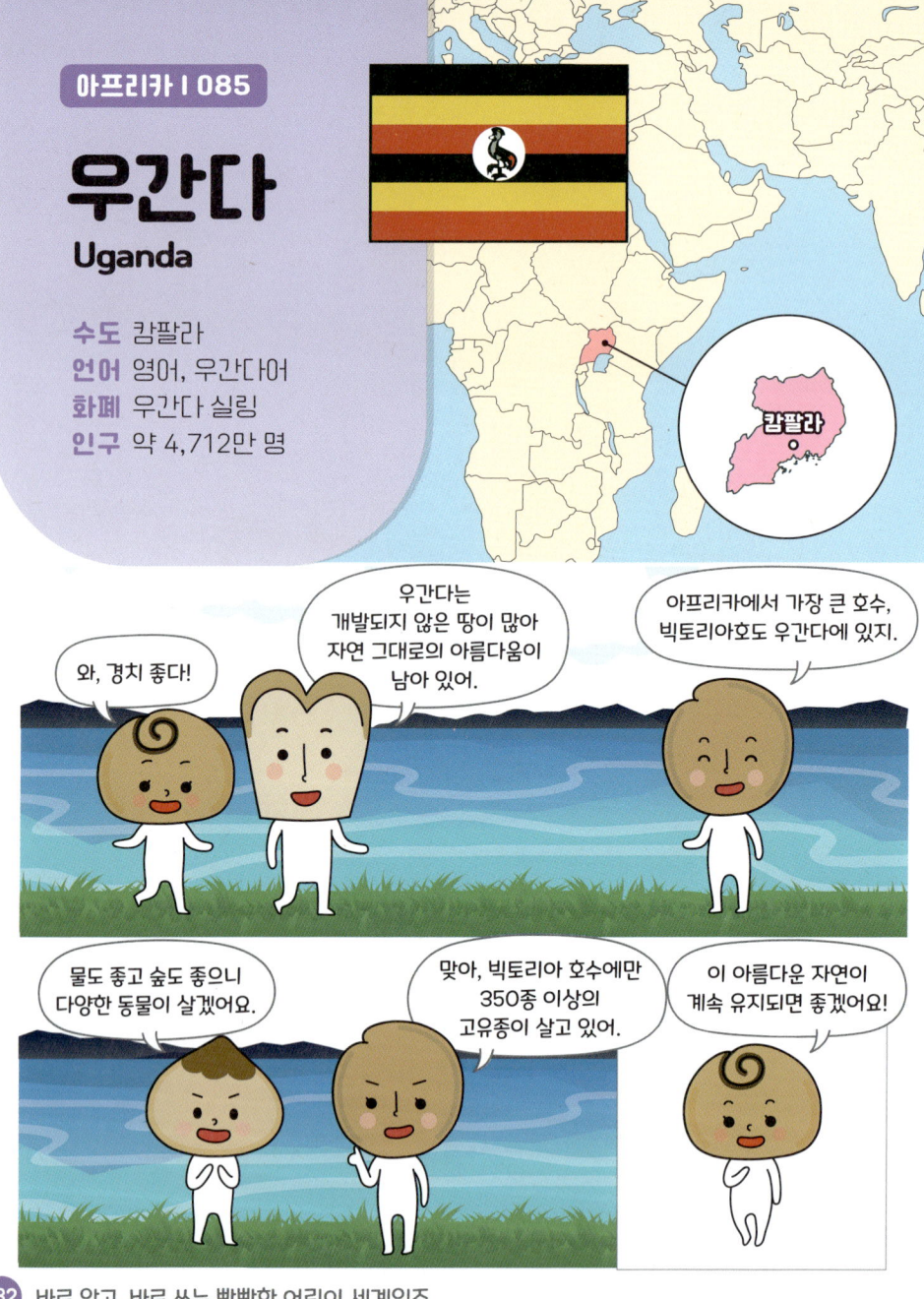

국기를 색칠해요

우간다의 나라 새인 잿빛왕관두루미를 그려 넣었어요.

Q. 우간다에 있는 아프리카에서 가장 큰 호수는?

ㅂㅌㄹㅇ ㅎㅅ

Q. 우간다에서 다양한 종으로 재배하는 과일은?

ㅂㄴㄴ

아프리카에 있는 나라

국기를 색칠해요

빨간색은 혁명, 하얀색은 영광, 검은색은 과거를 의미해요.

Q. 세계 7대 불가사의로 꼽히는 이집트의 건축물은?

ㅍㄹㅁㄷ

Q. 역사에서 가장 오래된 고대 이집트의 문자는?

ㅅㅎㅁㅈ

아프리카 | 087
중앙아프리카공화국
Central African Republic

수도 방기
언어 상고어, 프랑스어
화폐 세파 프랑
인구 약 491만 명

국기를 색칠해요

Q. 중앙아프리카공화국에서 많이 나는 보석은?

ㄷㅇㅇㅁㄷ

Q. 중앙아프리카공화국을 오랫동안 지배했던 나라는?

ㅍㄹㅅ

파란색은 하늘, 하얀색은 평화, 초록색은 희망, 노란색은 인내, 빨간색은 독립을 나타고 노란색 별은 밝은 미래를 나타내요.

아프리카에 있는 나라

아프리카 | 088

짐바브웨
Zimbabwe

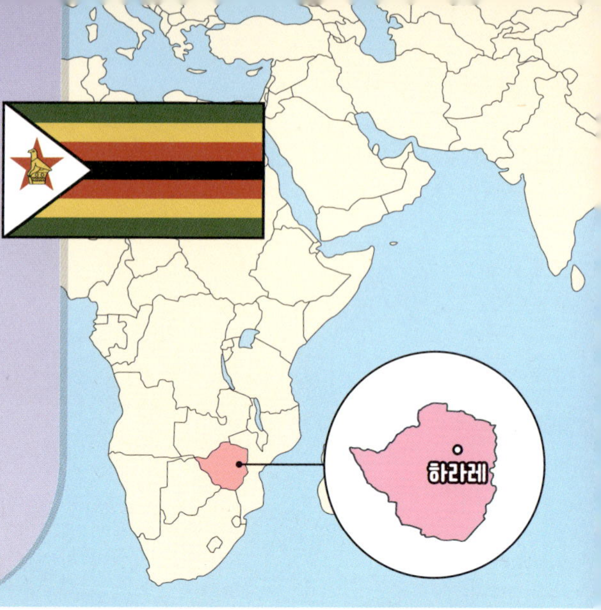

- **수도** 하라레
- **언어** 영어, 쇼나어
- **화폐** 달러
- **인구** 약 1,509만 명

하라레

와, 끝이 어디예요?

짐바브웨의 빅토리아 폭포야.

너비가 1700m, 높이가 108m나 되지.

엄청 크다!

미국의 나이아가라 폭포, 브라질의 이구아수 폭포와 함께 세계 3대 폭포라 불러.

다른 폭포는 어떨지 궁금해요!

그런데 짐바브웨에 11세기에 지어진 도시가 있다면서요?

국기를 색칠해요

초록색은 자연, 노란색은 광물 자원, 빨간색은 자유를 위해 흘린 피, 검은색은 흑인, 하얀 삼각형은 독립 뒤의 평화를 의미해요.

Q. 세계 3대 폭포 중 하나로 너비가 1700m나 되는 폭포는?

ㅂㅌㄹㅇ ㅍㅍ

Q. 11세기에 지어진 짐바브웨 왕국의 유적지는?

ㄱㄹㅇㅌ ㅈㅂㅂㅇ

아프리카에 있는 나라

아프리카 | 089

카메룬
Cameroon

수도 야운데
언어 프랑스어, 영어
화폐 세파 프랑
인구 약 2,722만 명

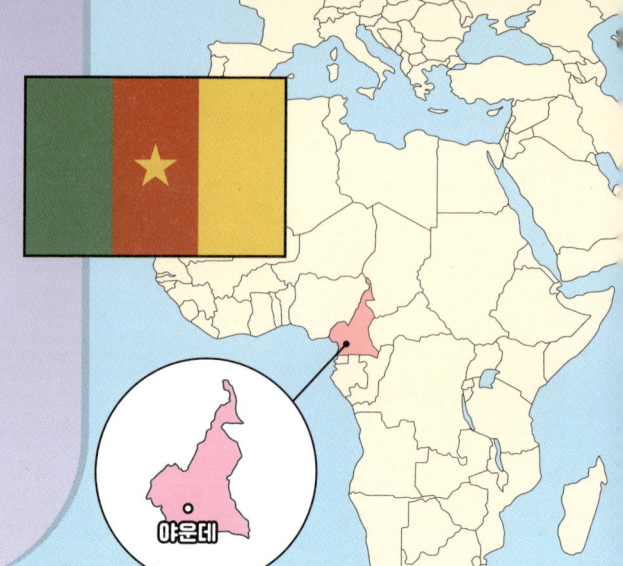

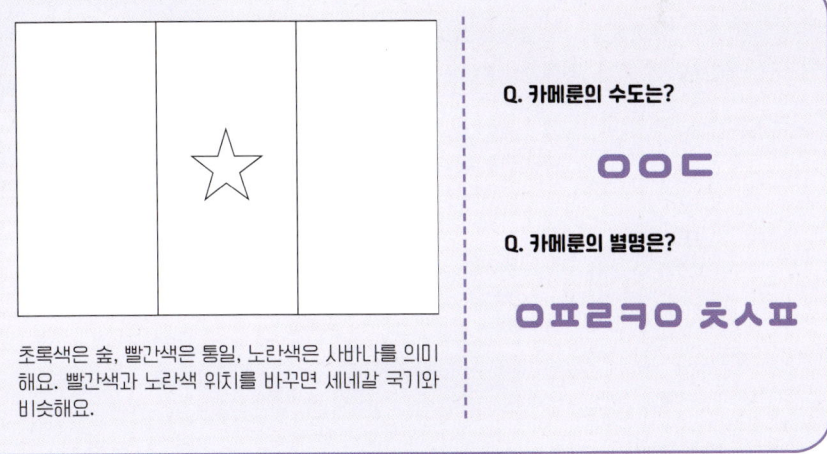

국기를 색칠해요

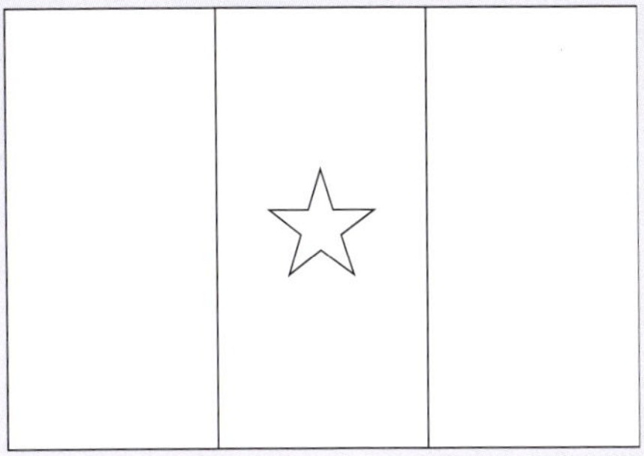

초록색은 숲, 빨간색은 통일, 노란색은 사바나를 의미해요. 빨간색과 노란색 위치를 바꾸면 세네갈 국기와 비슷해요.

Q. 카메룬의 수도는?

ㅇㅇㄷ

Q. 카메룬의 별명은?

ㅇㅍㄹㅋㅇ ㅊㅅㅍ

아프리카 l 090

케냐
Kenya

수도 나이로비
언어 스와힐리어, 영어
화폐 케냐 실링
인구 약 5,498만 명

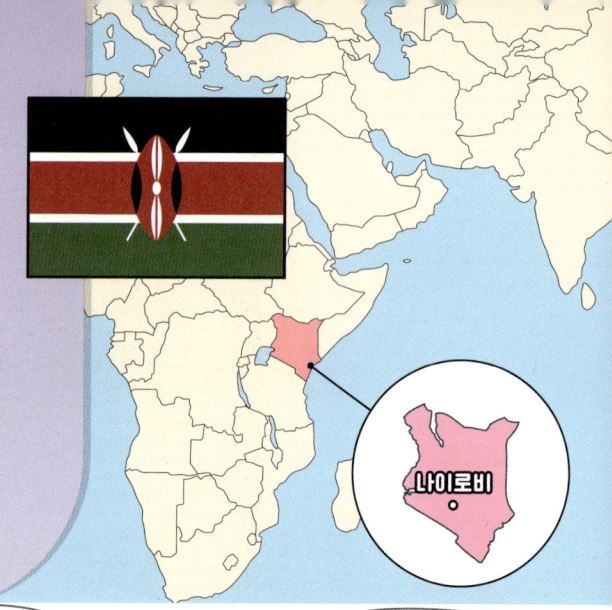

우와, 저기 산 좀 보세요!

저 산은 아프리카에서 가장 높은 산인 킬리만자로산이야.

탄자니아에 있지만 케냐에서 더 잘 보인다고 해.

케냐에 있는 게 아니었어요?

케냐라는 이름은 아프리카에서 2번째로 높은 케냐산에서 따온 이름이야.

케냐에도 높은 산이 있네요, 뭐!

국기를 색칠해요

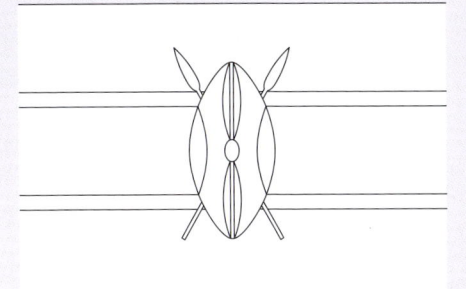

가운데 그림은 자유를 지키는 마사이족의 창과 방패를 뜻해요.

Q. 케냐의 이름을 따온 아프리카에서 두 번째로 높은 산은?

ㅋㄴㅅ

Q. 넓은 사바나를 체험할 수 있는 국립공원은?

ㄴㅇㄹㅂ ㄱㄹㄱㅇ

아프리카에 있는 나라

코트디부아르
Cote D'Ivoire

수도 야무수크로
언어 프랑스어
화폐 세파 프랑
인구 약 2,705만 명

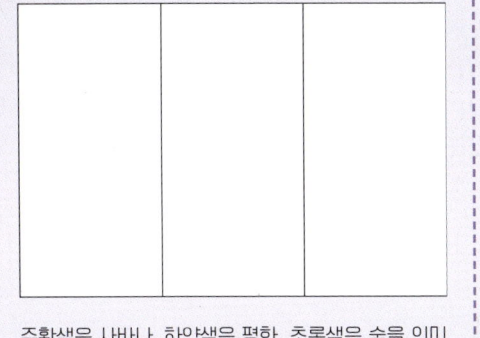

국기를 색칠해요

주황색은 사바나, 하얀색은 평화, 초록색은 숲을 의미해요. 아일랜드 국기와 색이 똑같고 순서만 달라요.

Q. 코트디부아르의 수도는?

ㅇㅁㅅㅋㄹ

Q. 코트디부아르 이름의 뜻은?

ㅅㅇ ㅎㅇ

아프리카 | 092

콩고공화국
Republic of the Congo

수도 브라자빌
언어 프랑스어
화폐 세파 프랑
인구 약 565만 명

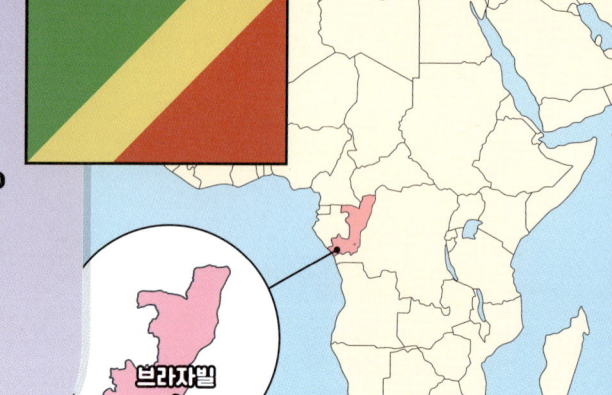

국기를 색칠해요

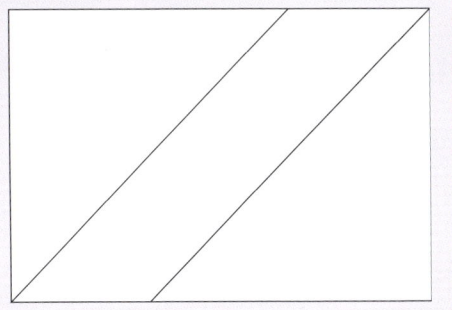

초록색은 숲, 노란색은 천연자원, 빨간색은 자유를 의미해요.

Q. 콩고공화국의 수도는?

ㅂㄹㅈㅂ

Q. 아마존 다음으로 큰 열대 우림은?

ㅋㄱ ㅂㅈ

아프리카에 있는 나라

아프리카 | 093

탄자니아
Tanzania

수도 도도마
언어 스와힐리어, 영어
화폐 탄자니아 실링
인구 약 6,149만 명

케냐에서 봤던 그 산이다!

맞아. 1년 내내 녹지 않는 만년설이 있는 킬리만자로 산이 탄자니아에 있어.

정말 하늘을 찌르겠네!

여기서 보는 산도 너무 아름답다.

그리고 이곳엔 아프리카 사바나 하면 가장 먼저 떠오르는…

설마, 세렝게티 국립공원이요?

바로 알고, 바로 쓰는 빵빵한 어린이 세계일주

국기를 색칠해요

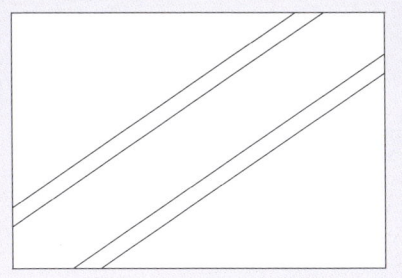

초록색은 땅, 노란색은 광물 자원, 검은색은 국민, 하늘색은 인도양을 의미해요.

Q. 만년설을 볼 수 있는 아프리카에서 가장 높은 산은?

ㅋ ㄹ ㅁ ㅈ ㄹ ㅅ

Q. 유네스코 세계유산에 등재된 국립공원은?

ㅅ ㄹ ㄱ ㅌ   ㄱ ㄹ ㄱ ㅇ

아프리카에 있는 나라

4장

오세아니아에 있는 나라들

094. 뉴질랜드
095. 솔로몬제도
096. 호주
097. 통가
098. 파푸아뉴기니
099. 피지

오세아니아 | 094

뉴질랜드
New Zealand

수도 웰링턴
언어 영어, 마오리어
화폐 뉴질랜드 달러
인구 약 486만 명

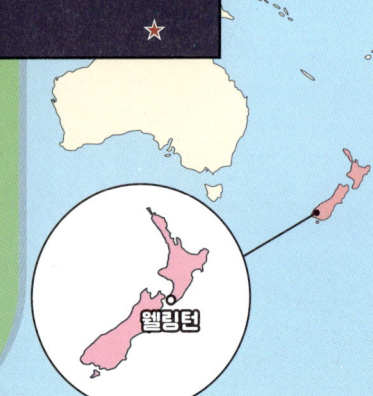

국기를 색칠해요

왼쪽 위에 유니언 잭 문양이 있어요. 뉴질랜드가 영국 연방에 속한다는 걸 의미하지요.

Q. 뉴질랜드에 살고 있는 원주민은?

ㅁㅇㄹㅈ

Q. 뉴질랜드에만 살고 있는 날지 못하는 새의 이름은?

ㅋㅇㅅ

오세아니아에 있는 나라

오세아니아 | 095

솔로몬제도
Solomon Islands

수도 호니아라
언어 영어, 피진어
화폐 솔로몬제도 달러
인구 약 70만 명

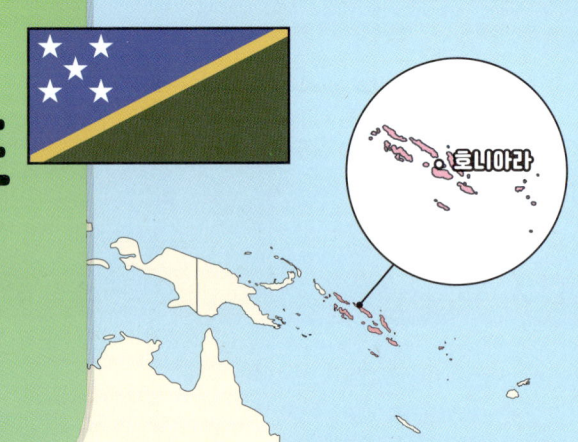

여기는 솔로몬제도야.

솔로몬은 왕 이름 아니에요?

맞아. 나라 이름을 지혜의 왕 솔로몬의 이름을 따서 지었어.

솔로몬제도는 5개의 큰 섬과 900개가 넘는 작은 섬으로 이루어져 있지.

섬이 900개가 넘는다고요?

평생 다 가보지도 못하겠네요.

그리고 솔로몬제도는 2차 세계 대전, 태평양 전쟁의 중심지였어.

여기서 전쟁을 했군요...

그래서 바닷속에 46척이나 되는 군함이 가라앉아 있어.

이 아름다운 바닷속에 군함이 있다고는 상상도 못했어요.

아름다운 산호초, 열대어와 함께 군함까지 볼 수 있어 스노클링 명소로 불리지.

군함 보러 당장 들어갈래요!

진정해, 그리야!

국기를 색칠해요

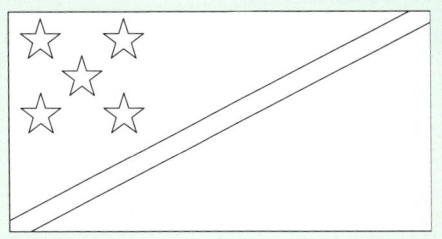

파란색은 바다, 초록색은 땅, 노란색은 햇빛을 의미해요. 별은 솔로몬제도의 큰 섬 5개를 나타내요.

Q. 솔로몬제도 큰 섬의 개수는?

ㄷㅅ ㄱ

Q. 솔로몬제도 바닷속에 가라앉아 있는 것은?

ㄱㅎ

오세아니아에 있는 나라

오세아니아 | 096

호주
Australia

수도 캔버라
언어 영어
화폐 오스트레일리아 달러
인구 약 2,578만 명

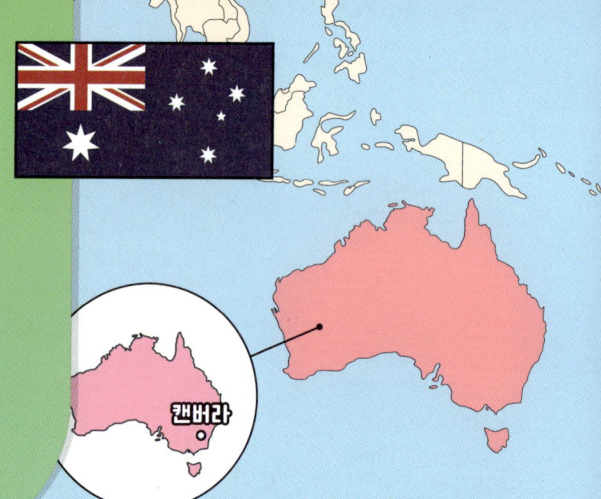

- 호주 하면 떠오르는 오페라 하우스예요!
- 조개 모양을 본떠 만든 지붕 모양이 정말 아름답지?
- 호주는 섬처럼 보이지만 거대한 크기 때문에 대륙으로 분류돼.
- 와, 진짜 넓다!
- 이렇게 나라가 크면 사람도 많이 살겠어요.
- 하지만 땅의 대부분이 황무지라 대부분의 사람들이 동남쪽에 살고 있어.

인구 밀집 지역

국기를 색칠해요

영국 연방에 속한다는 걸 의미하는 유니언 잭 문양이 있어요. 왼쪽 아래 큰 별은 태즈메이니아 섬, 오른쪽 다섯개 별은 남십자성을 나타내요.

Q. 조개 모양을 본떠 만든 호주의 대표적인 건축물은?

ㅇㅍㄹ ㅎㅇㅅ

Q. 호주의 상징인 동물은?

ㅋㄱㄹ

오세아니아에 있는 나라

오세아니아 | 097

통가
Tonga

수도 누쿠알로파
언어 통가어, 영어
화폐 팡가
인구 약 10만 명

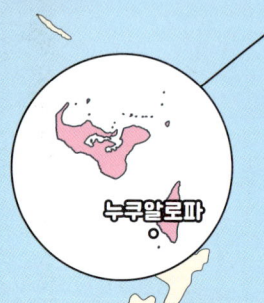

누쿠알로파

여기는 아름다운 섬나라 통가야.

정말 아름다운 휴양지네요!

유럽인들이 발견하기 전, 이곳엔 하와이 같은 원시 제국, 통가 제국이 있었어.

전설에 따르면 아호에이투라는 왕이 다스릴 땐 태평양 전역에 이름을 떨쳤다고 해.

이렇게 바다가 넓은데 통가를 어떻게 알아요?

통가 제국엔 한 척당 150명의 군인을 태울 수 있는 대형 카누가 있었거든.

대단한 항해술이었네요.

국기를 색칠해요

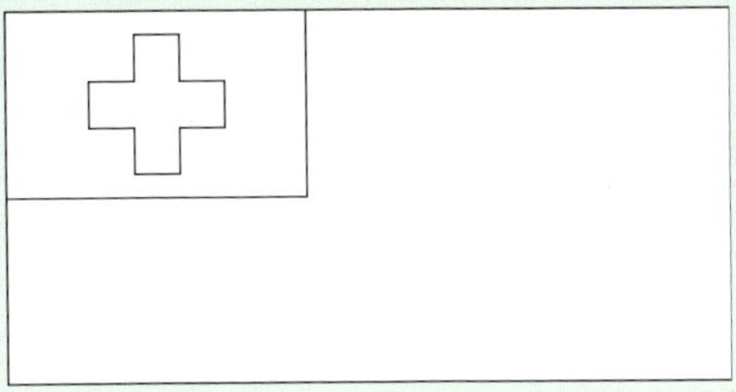

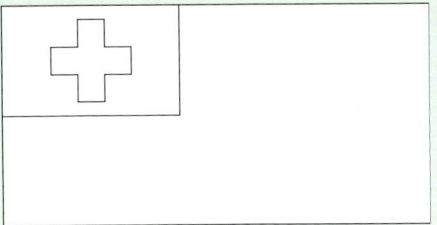

왼쪽 위에 십자가는 기독교를 뜻하고 빨간색은 예수가 흘린 피를 의미해요.

Q. 통가의 수도는?

ㄴㅋㅇㄹㅍ

Q. 통가의 왕들이 쓰는 이름은?

ㅇㅎㅇㅇㅌ

오세아니아에 있는 나라

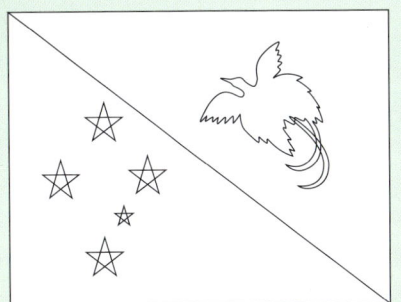

국기를 색칠해요

빨간색과 검은색은 파푸아뉴기니를 나타내는 색이에요. 별 5개는 남십자성이고, 나라의 상징인 노란색 라기아나극락조가 있어요.

Q. 언어가 800개나 되는 파푸아뉴기니의 공용어는?

ㅇㅇ

Q. 몸에 진흙을 바르고 가면을 쓰는 축제 이름은?

ㅅㅅ ㅊㅈ

오세아니아에 있는 나라

오세아니아 I 099

피지
Fiji

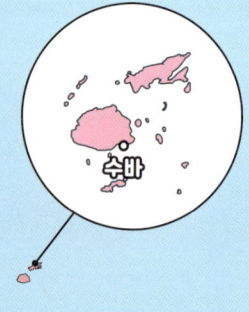

수도 수바
언어 피지어, 영어, 힌두어
화폐 피지 달러
인구 약 90만 명

국기를 보니 여기도 영국의 식민지였나 봐요.

맞아. 1970년대에 독립했지.

섬이 작아서 여기서 반대쪽까지 금방 갈 거 같은데 왜 철도를 놨지?

사람을 태우려고 만든 게 아니거든.

이렇게 작은 섬나라에 철도가 다 있네요?

피지는 사탕수수를 많이 생산해서 사탕수수를 운반하기 위한 철도가 필요했거든.

국기를 색칠해요

태평양을 뜻하는 하늘색 배경에 영국 연방을 상징하는 유니언 잭 문양과 피지를 상징하는 문장이 있어요.

Q. 피지에서 많이 생산되어 철도까지 만든 작물은?

ㅅㅌㅅㅅ

Q. 피지에 200개나 있는, 사람이 살지 않는 섬을 부르는 말은?

ㅁㅇㄷ

오세아니아에 있는 나라

5장

아메리카에 있는 나라들

100. 과테말라
101. 도미니카공화국
102. 멕시코
103. 미국
104. 바하마
105. 베네수엘라
106. 볼리비아
107. 브라질
108. 아르헨티나
109. 에콰도르
110. 엘살바도르

111. 온두라스
112. 우루과이
113. 자메이카
114. 칠레
115. 캐나다
116. 코스타리카
117. 콜롬비아
118. 쿠바
119. 파라과이
120. 페루

아메리카 | 100

과테말라
Guatemala

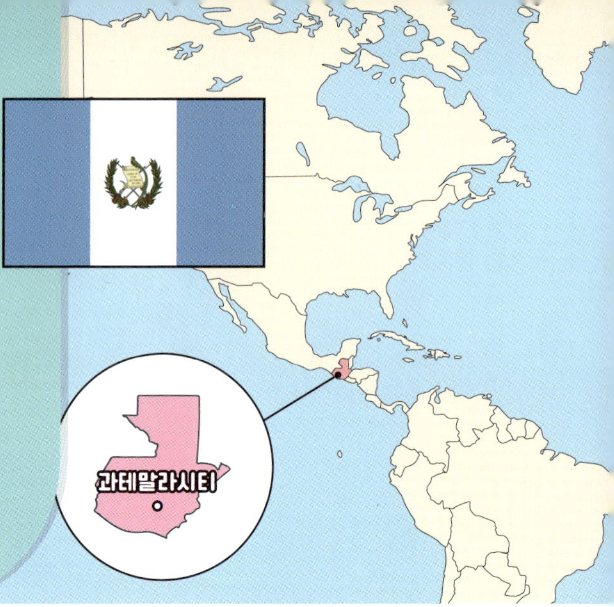

수도 과테말라시티
언어 스페인어
화폐 케찰
인구 약 1,824만 명

과테말라시티

- 과테말라는 마야 문명이 꽃피었던 나라야.
- 마야 문명은 멕시코 아니에요?
- 멕시코 남쪽과 과테말라 모두 마야 문명이 자리잡았던 땅이지.
- 고대 마야 도시 티칼의 피라미드도 여기에 있어.
- 이게 마야 문명의 피라미드구나.
- 실제 과테말라에 살고 있는 인구의 대부분이 마야인이기도 해.

아메리카 대륙에 유럽인들이 정착하면서 많은 원주민이 학살당했어.

그런데 여기 과테말라에는 지금까지도 많은 아메리카 원주민들이 살고 있지.

아메리카 원주민이라면 우리가 알고 있는 인디언을 말하는 거죠?

맞아. 그리고 과테말라에 유명한 게 또 있어.

지금도 타오르고 있는 화산이 4개나 있지.

헉! 그럼 화산이 폭발하기 전에 도망쳐요!

국기를 색칠해요

하늘색은 태평양과 카리브해, 하얀색은 평화와 순결을 의미해요. 나라의 문장에는 과테말라를 상징하는 새인 케찰과 승리를 나타내는 올리브 가지가 있어요.

Q. 과테말라에서 꽃피웠던 고대 문명은?

Q. 과테말라가 4개나 가지고 있으며 마그마를 내뿜는 산은?

아메리카에 있는 나라

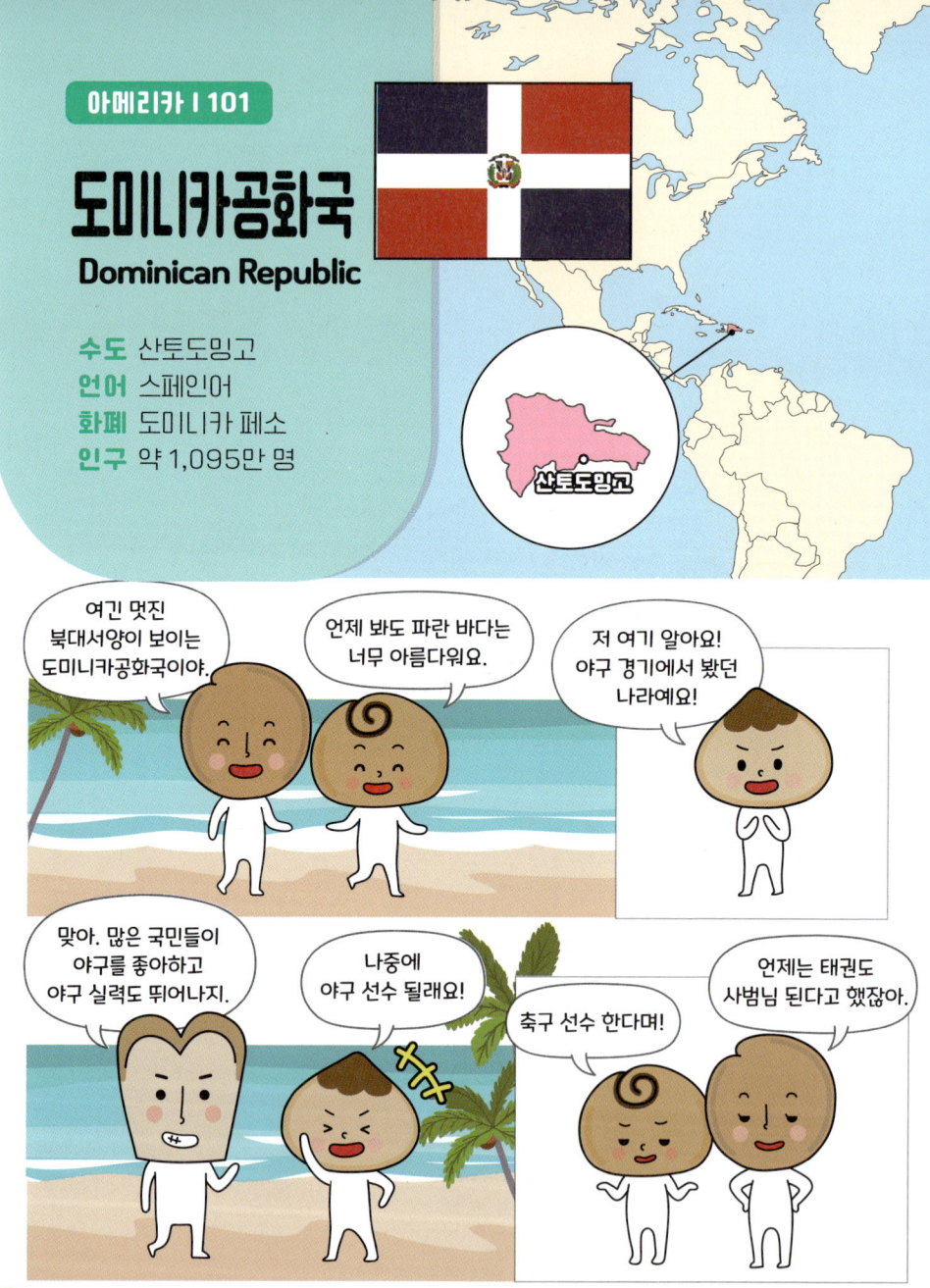

국기를 색칠해요

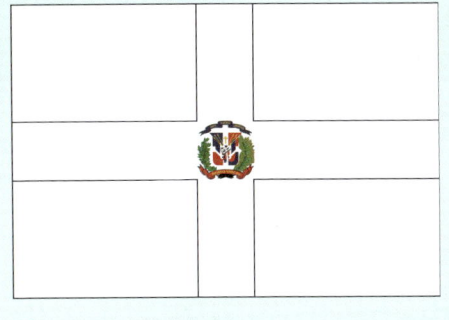

파란색은 자유, 빨간색은 영웅들의 피, 하얀색은 순결을 의미해요. 가운데에는 나라의 문장을 넣었어요.

Q. 도미니카공화국의 수도는?

ㅅㅌㄷㅁㄱ

Q. 도미니카공화국 사람들이 좋아하는 스포츠는?

ㅇㄱ

아메리카 | 102

멕시코
Mexico

수도 멕시코시티
언어 스페인어
화폐 멕시코 페소
인구 약 1억 3,026만 명

고대 마야 문명과 아즈텍 문명을 꽃피웠던 나라야.

두 개의 고대 문명이 멕시코에 있었군요?

그중 아즈텍은 정말 발전한 나라였어.

주변 국가가 모두 아즈텍 제국에 공물을 바쳤지.

또 세계 최초로 옥수수를 재배하고 상업을 발전시켰어.

테오티우아칸의 태양의 피라미드는 당시 아즈텍 문명이 얼마나 대단했는지 알 수 있지.

국기를 색칠해요

아즈텍 문명의 전설을 뜻하는 뱀을 물고 있는 독수리가 있어요.

Q. 멕시코에 있던 고대 문명의 이름은?

ㅇㅈㅌ ㅁㅁ

Q. 토르티야에 고기와 채소를 넣어 먹는 멕시코 전통 음식은?

ㅌㅋ

아메리카에 있는 나라

아메리카 | 103

미국
United States of America

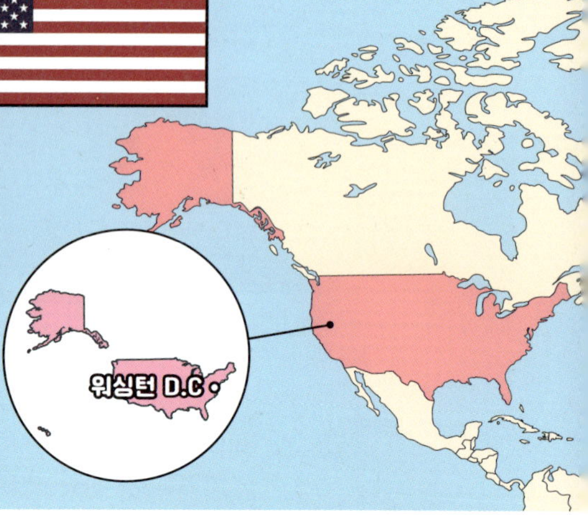

수도 워싱턴 D.C.
언어 영어
화폐 달러
인구 약 3억 3,291만 명

워싱턴 D.C.

저기 미국 하면 떠오르는 뉴욕의 자유의 여신상이에요!

미국은 영국 땅이었다가 1776년에 독립했어.

프랑스가 미국의 독립 100주년을 축하하며 보낸 동상이지.

미국은 50개 주가 모여 한 나라를 이루는 합중국이야.

그래서 주마다 법이 다 달라.

50개의 주가 같은 나라이면서 또 다른 나라 같네요.

바로 알고, 바로 쓰는 빵빵한 어린이 세계일주

또 국민들 중 원주민 빼고는 모두 다른 나라에서 온 이주민이야.

원래 살고 있던 인디언들을 위한 보호구역이 따로 있어.

원주민이 오히려 보호를 받아야 한다니 좀 슬퍼요.

미국의 경제력은 세계 최고 수준이야.

그리고 넓은 땅만큼 다양한 자연과 기후를 가지고 있고 수많은 생물들이 살고 있지.

영향력이 큰 나라인 만큼 알아야 할 것들도 정말 많네요!

국기를 색칠해요

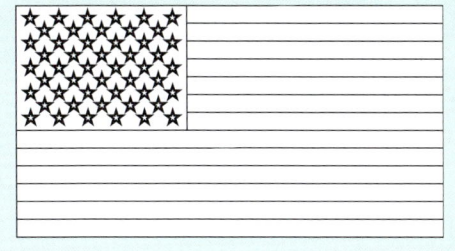

빨간색, 하얀색 줄은 미국이 독립할 당시 13개 주를 나타내요. 50개의 별은 현재 미국 주의 개수예요.

Q. 미국의 수도는?

ㅇㅅㅌ ㄷㅅ

Q. 미국의 독립을 축하하기 위해 프랑스가 보낸 동상의 이름은?

ㅈㅇㅇ ㅇㅅㅅ

아메리카에 있는 나라

아메리카 | 104

바하마
Bahamas

수도 나소
언어 영어
화폐 바하마 달러
인구 약 39만 명

바하마는 29개의 주요 섬과 661개의 작은 섬, 2,389개의 암초로 이루어진 나라야.

작은 섬들이 가득 모여 있는 나라네요!

그만큼 멋진 해변이 많겠어요!

그래서 수상 스포츠를 즐기러 오는 관광객이 많아.

그리고 나라 대부분이 버뮤다 삼각 지대에 속해 있지.

버뮤다 삼각 지대

그게 뭔데요?

224 바로 알고, 바로 쓰는 빵빵한 어린이 세계일주

국기를 색칠해요

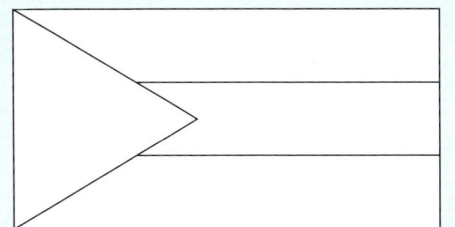

하늘색은 바다, 노란색은 땅, 검은색은 국민이 하나로 뭉치는 것을 의미해요. 다른 남아메리카 국가들과 달리 나라를 상징하는 문장이 없어요.

Q. 바하마의 수도는?

ㄴㅅ

Q. 배나 비행기가 자주 실종되는 지대는?

ㅂㅁㄷ ㅅㄱㅈㄷ

아메리카에 있는 나라

아메리카 | 105

베네수엘라
Venezuela

수도 카라카스
언어 스페인어
화폐 볼리바르
인구 약 2,870만 명

국기를 색칠해요

독립선언에 참여한 7개 지방과 나라의 독립 영웅을 상징하는 8개의 별이 있어요.

Q. 베네수엘라의 수도는?

ㅋㄹㅋㅅ

Q. 베네수엘라에 있는 산맥의 이름은?

ㅇㄷㅅㅅㅁ

아메리카에 있는 나라

아메리카 | 106

볼리비아
Bolivia

수도 라파스(행정), 수크레(사법)
언어 스페인어, 케추아어
화폐 볼리비아노
인구 약 1,183만 명

라파스

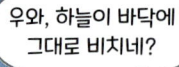

우와, 하늘이 바닥에 그대로 비치네?

여기는 우유니 소금사막이야. 볼리비아를 상징하는 대표적인 장소지.

우기에 비가 내리면 하늘이 그대로 비쳐서 이렇게 아름다운 풍경을 만들어.

그래서 '세상에서 가장 큰 거울'이라고 부르나 봐요.

이곳은 과거에 바다였지만 땅이 들리며 산이 되었어.

그래서 산 위에 소금이 있는 거구나!

국기를 색칠해요

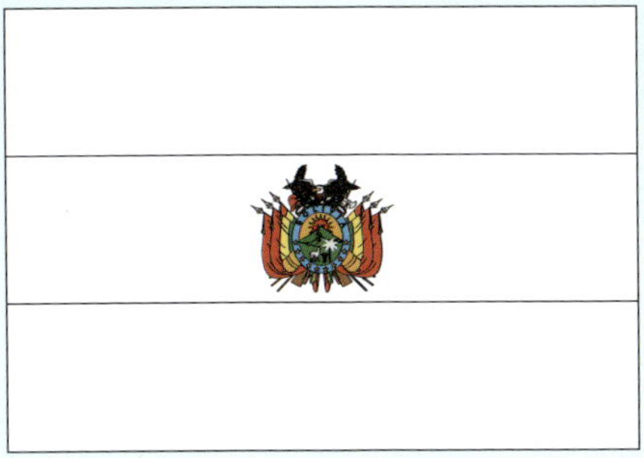

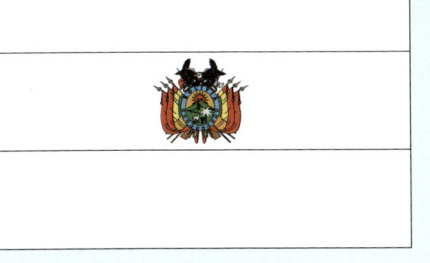

빨간색은 나라를 지킨 용사, 노란색은 광물 자원, 초록색은 자연을 의미해요. 콘도르가 그려진 나라의 문장이 있어요.

Q. 볼리비아의 행정 수도는?

ㄹㅍㅅ

Q. 볼리비아의 상징으로 불리는 장소는?

ㅇㅇㄴ ㅅㄱ ㅅㅁ

아메리카에 있는 나라

아메리카 | 107

브라질
Brazil

수도 브라질리아
언어 포르투갈어
화폐 레알
인구 약 2억 1,399만 명

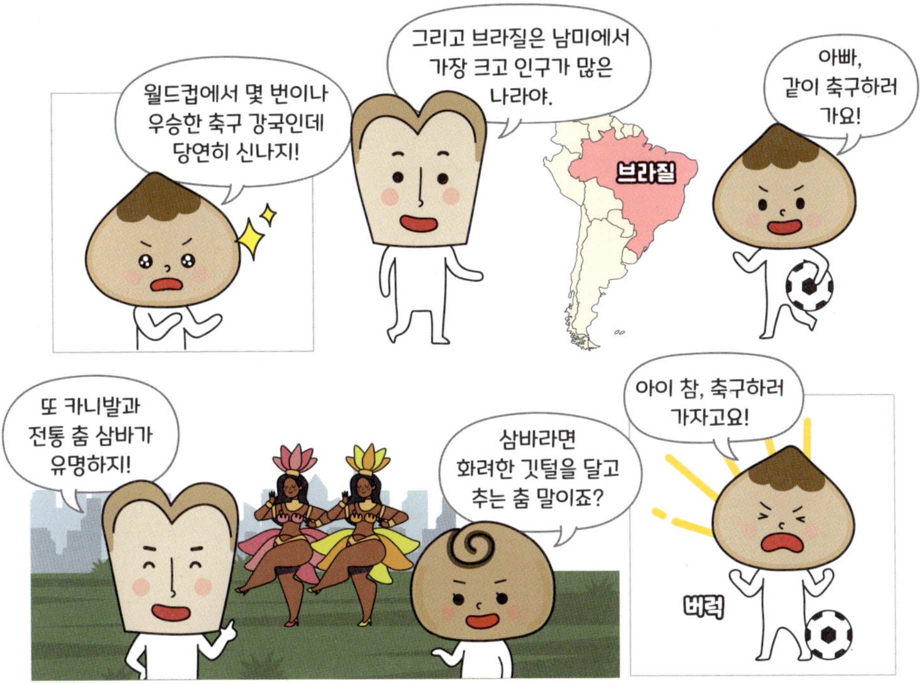

국기를 색칠해요

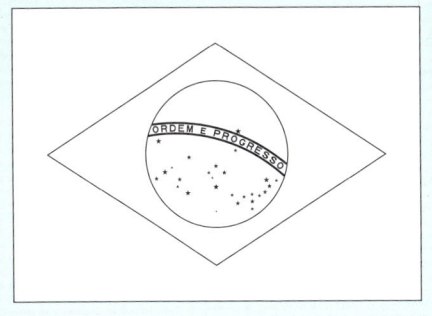

파란색 원 안에는 26개 주와 연방 자치구를 뜻하는 별이 있어요.

Q. 지구의 허파로 불리는 숲은?

ㅇㅁㅈ

Q. 화려한 깃털을 달고 추는 브라질의 전통 춤은?

ㅅㅂ

아메리카에 있는 나라

아메리카 | 108

아르헨티나
Argentina

수도 부에노스아이레스
언어 스페인어
화폐 페소
인구 약 4,560만 명

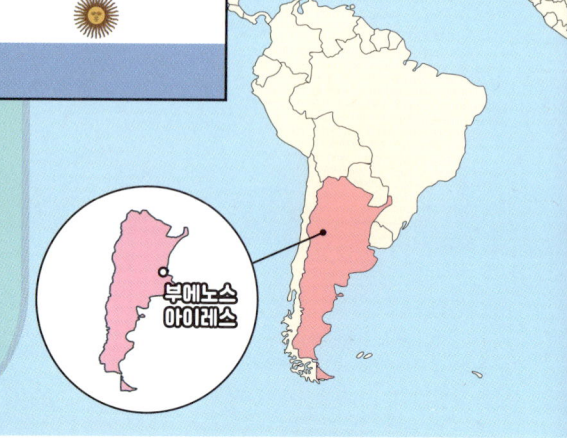

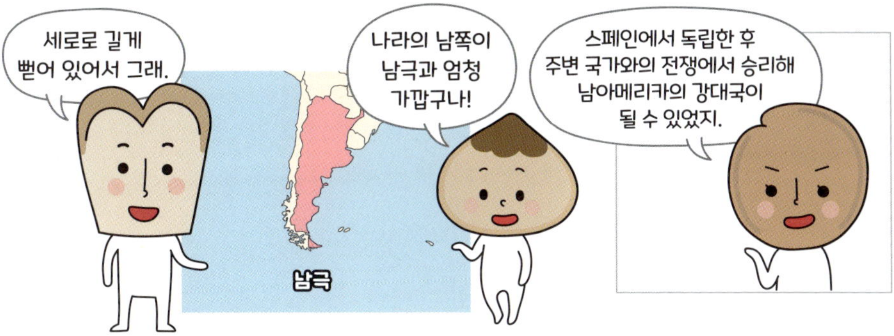

세로로 길게 뻗어 있어서 그래.

나라의 남쪽이 남극과 엄청 가깝구나!

스페인에서 독립한 후 주변 국가와의 전쟁에서 승리해 남아메리카의 강대국이 될 수 있었지.

남극

또 유럽에서 이민자를 많이 받아 원주민보다 이민자가 더 많아졌어.

그래서 이민자들의 후손이 인구의 대부분을 차지해.

어쩐지 백인이 많이 보이더라.

국기를 색칠해요

하늘색은 하늘, 하얀색은 땅을 뜻해요. 독립운동을 이끌었던 마누엘 벨그라노 장군이 처음 만든 국기예요.

Q. 세계 3대 폭포로 불리는 아르헨티나의 폭포는?

ㅇㄱㅇㅅ ㅍㅍ

Q. 남극과 가까운 아르헨티나 지역에서 볼 수 있는 단단한 얼음층을 뜻하는 말은?

ㅂㅎ

아메리카에 있는 나라

아메리카 | 109

에콰도르
Ecuador

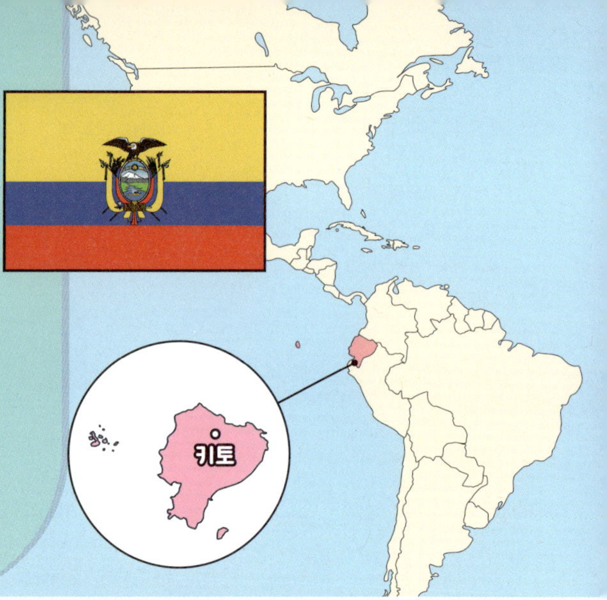

수도 키토
언어 스페인어
화폐 달러
인구 약 1,788만 명

키토

지구를 절반으로 가르는 선인 적도가 지나는 나라야.

나라 이름도 스페인어로 적도라는 뜻이지.

그럼 엄청 더운 나라겠네요?

적도

그래서인지 사람들이 더 시원한 고산지대에 많이 살아.

수도 키토는 해발고도가 백두산보다 높거든.

어쩐지 숨쉬기 힘들더라.

234 바로 알고, 바로 쓰는 빵빵한 어린이 세계일주

> 또 여러 종류의 새와 파충류의 보금자리인 갈라파고스 제도가 있어.

> 저도 알아요! 생물학자 다윈이 연구한 곳이잖아요!

> 왜 여기서 연구를 해요?

> 이곳만의 독특한 생태계가 있어서 연구하기 딱 좋았거든.

> 갈라파고스 제도 97%가 국립공원으로 지정됐어.

> 야생 동식물들을 보존하기 위해서군요!

갈라파고스 펭귄

국기를 색칠해요

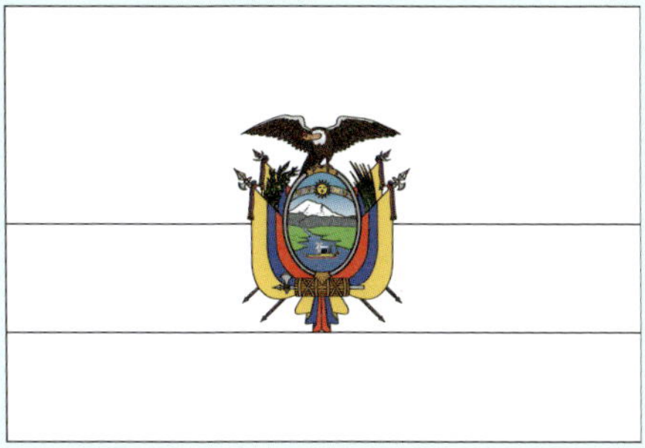

세상에서 가장 희귀한 새인 콘도르가 가운데 그려져 있어요.

Q. 나라 이름의 뜻이자 지구를 절반으로 가르는 선을 뜻하는 말은?

ㅈㄷ

Q. 생물학자 다윈이 연구한 곳으로 독특한 생태계를 가진 섬의 이름은?

ㄱㄹㅍㄱㅅ ㅈㄷ

아메리카에 있는 나라

아메리카 | 110

엘살바도르
El Salvador

수도 산살바도르
언어 스페인어
화폐 미국 달러
인구 약 651만 명

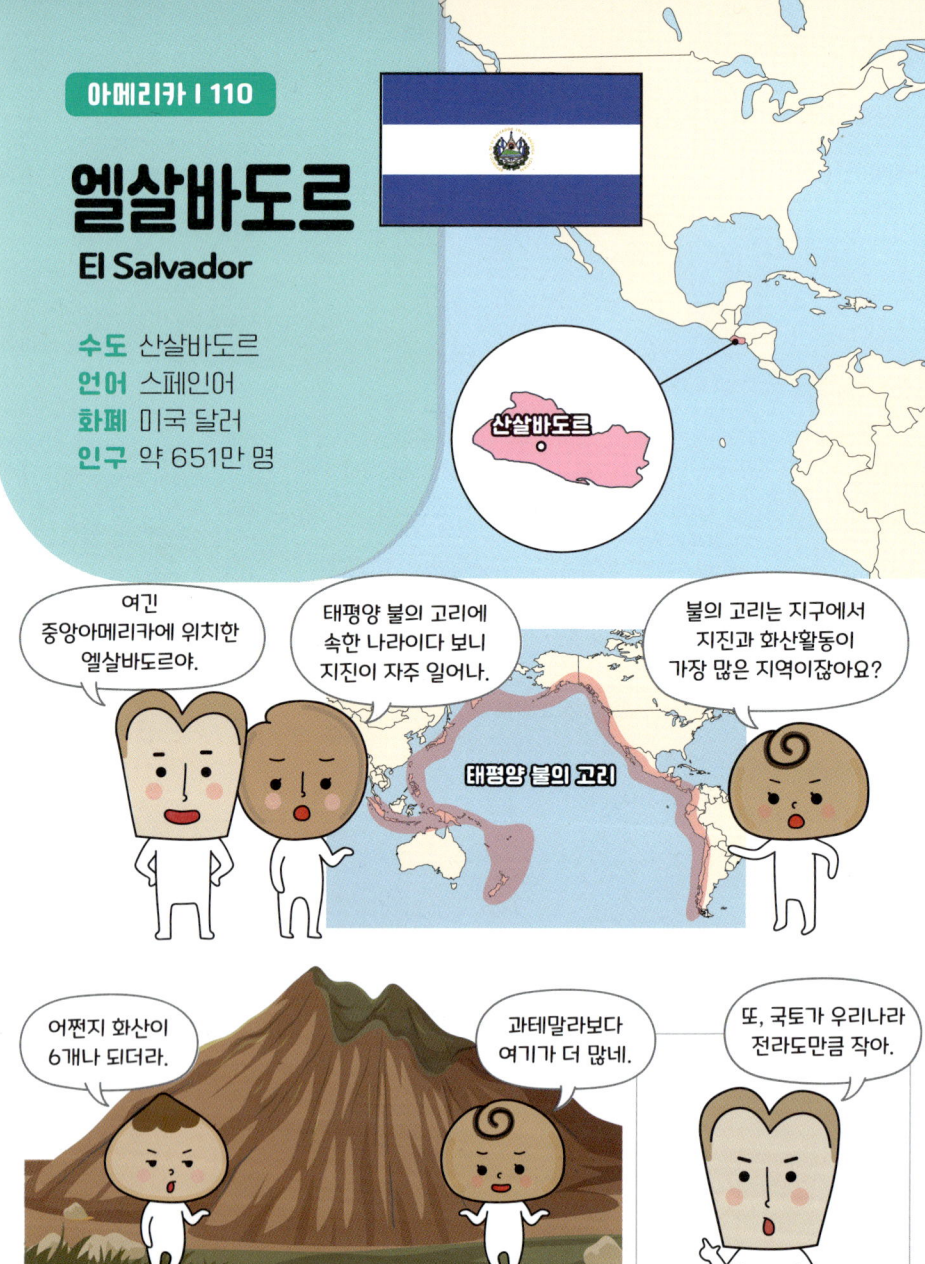

"좁은 나라에 화산이 이렇게 많은 거예요?"

"사람이 살 수 있는 지역이 더 좁겠네요."

"대신 화산 덕분에 멋진 호수가 만들어져서 많은 관광객이 찾는다고 해."

"그럼 여기서 놀다가 화산이 폭발해 버리면 어떡해요…?"

"안전한 지역만 관광지가 되니까 걱정 마."

"휴, 다행이다."

국기를 색칠해요

나라의 문장 속에는 해방을 뜻하는 자유의 모자와 독립한 날짜가 적혀 있어요.

Q. 엘살바도르의 수도는?

ㅅㅅㅂㄷㄹ

Q. 태평양에서 지진과 화산활동이 많은 지역을 부르는 말은?

ㅂㅇㄱㄹ

아메리카에 있는 나라

아메리카 | 111

온두라스
Honduras

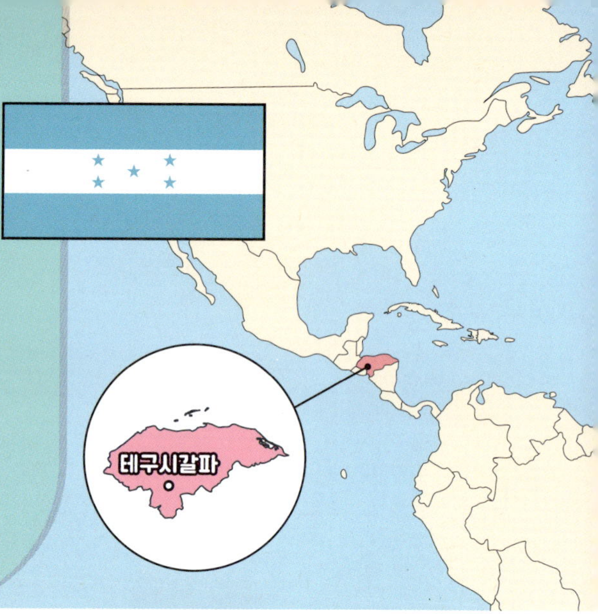

수도 테구시갈파
언어 스페인어
화폐 렘피라
인구 약 1,006만 명

테구시갈파

- 마야 유적 중 가장 중요한 유적이라고 불리는 코판 유적이 온두라스에 있어.
- 코판 유적엔 무너진 성채와 광장이 남아 있지.
- 이곳까지 마야 문명이 영향을 끼쳤군요.
- 광장까지 있고, 여기서 많은 사람들이 살았나 봐요.
- 그리고 여러 가지 조각을 새긴 돌기둥과 마야 시대에 새긴 상형문자도 남아 있지.
- 왜 여기가 마야 유적에서 중요하다고 하는지 알겠어요.

국기를 색칠해요

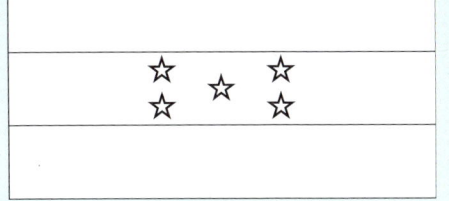

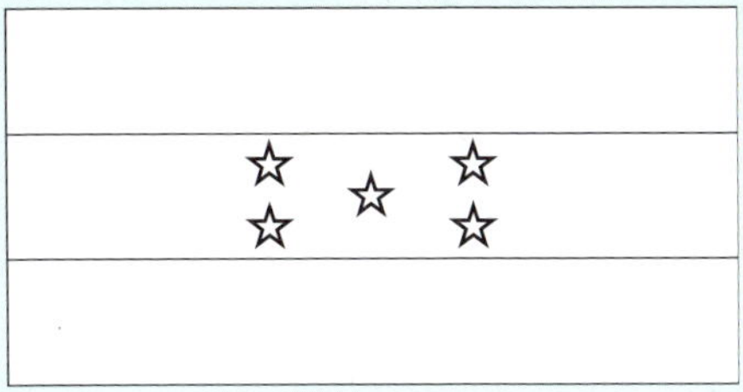

파란색은 태평양과 카리브해, 하얀색은 국민의 발전을 바라는 마음을 나타내요. 독립을 위해 힘쓴 중앙아메리카연방에 속했던 5개 나라를 별로 표현했어요.

Q. 온두라스에서 사용하는 언어는?

ㅅㅍㅇㅇ

Q. 마야 유적 중 가장 중요한 유적이라 불리는 곳은?

ㅋㅍㅇㅈ

아메리카에 있는 나라

국기를 색칠해요

하얀색과 파란색 줄무늬는 나라가 독립할 때 힘을 모은 9개 주를 나타내요. 태양은 독립을 뜻하지요.

Q. 우루과이의 수도는?

ㅁㅌㅂㄷㅇ

Q. 우루과이의 대초원은?

ㅍㅍㅅ

아메리카에 있는 나라

아메리카 | 113

자메이카
Jamaica

수도 킹스턴
언어 영어
화폐 자메이카 달러
인구 약 297만 명

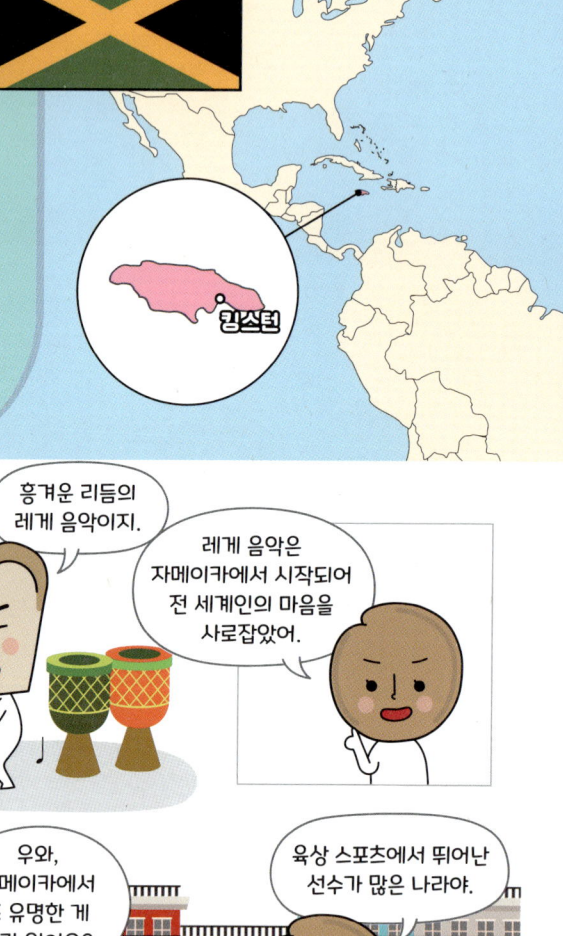

국기를 색칠해요

초록색은 농사와 미래에 대한 희망, 노란색은 태양의 아름다움, 검은색은 이겨내야 할 고난을 의미해요.

Q. 자메이카에서 시작된 음악의 종류는?

ㄹㄱ

Q. 가장 빠른 달리기 기록을 가진 자메이카 출신의 육상선수는?

ㅇㅅㅇ ㅂㅌ

아메리카에 있는 나라

아메리카 | 114

칠레
Chile

수도 산티아고
언어 스페인어
화폐 칠레 페소
인구 약 1,921만 명

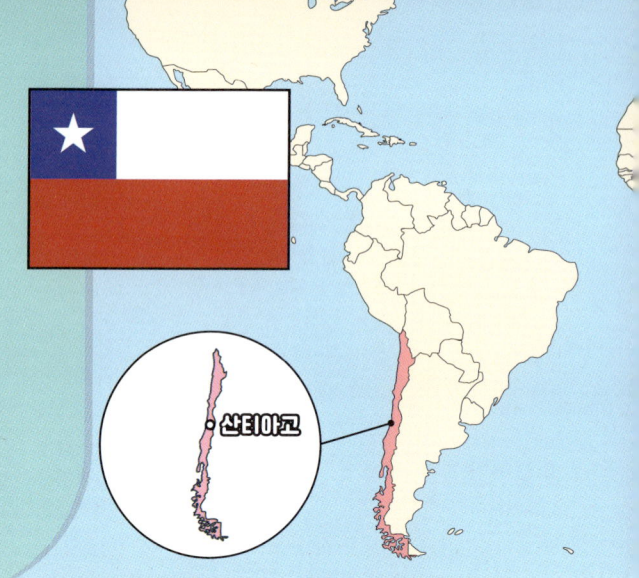

칠레 이스터섬에 있는 모아이 석상이지.

어떤 건 90톤이 넘는다고 해.

뭐가 그렇게 무거워요?

얼굴만 있는 게 아니라 땅 속에 박혀 있는 몸도 있거든.

그런데 이건 어떻게, 왜 만든 거예요?

글쎄… 이걸 무슨 용도로 만들었는지는 아무도 몰라.

국기를 색칠해요

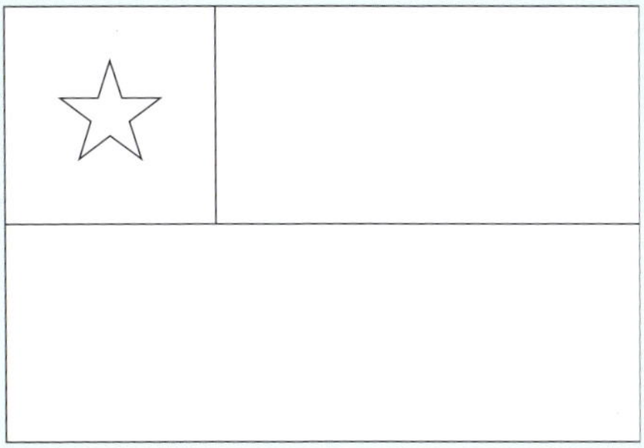

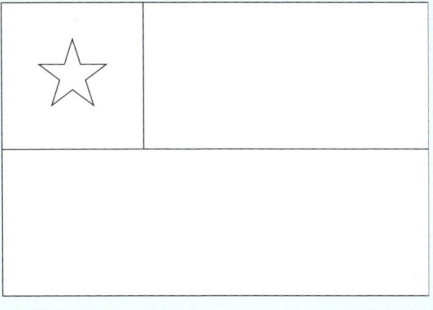

파란색은 하늘과 태평양, 하얀색은 눈 덮인 안데스산맥, 빨간색은 독립을 위해 흘린 피를 의미해요. 별은 명예를 뜻해요.

Q. 칠레의 수도는?

ㅅㅌㅇㄱ

Q. 칠레 이스터섬에 있는 거대한 석상은?

ㅁㅇㅇ ㅅㅅ

아메리카에 있는 나라

아메리카 | 115

캐나다
Canada

수도 오타와
언어 영어, 프랑스어
화폐 캐나다 달러
인구 약 3,806만 명

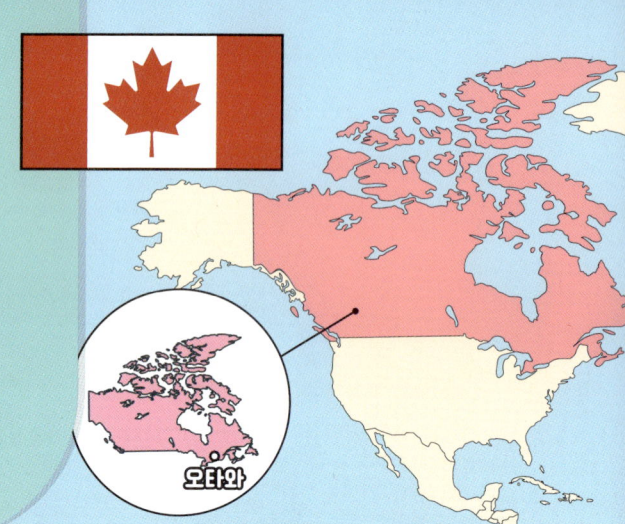

우와, 여기가 캐나다에서 가장 아름다운 루이스 호수군요?

에메랄드 빛 호수가 정말 아름답지? 캐나다는 북극과 가까워서 날씨가 추운 편이야.

세계에서 두 번째로 땅이 넓지만 인구수는 4천만 명이 안 돼.

날씨가 온화한 남부 지역에 사람들이 몰려 살지.

그럼 북쪽은 널널하겠네요.

국기에 있는 단풍잎은 캐나다의 상징이야.

인구 밀집 지역

국기를 색칠해요

하얀색은 눈 덮인 땅을 나타내고 그 위에 캐나다를 상징하는 빨간색 단풍잎이 있어요.

Q. 캐나다의 수도는?

ㅇㅌㅇ

Q. 캐나다의 상징인 나무는?

ㄷㅍㄴㅁ

아메리카 | 116

코스타리카
Costa Rica

수도 산호세
언어 스페인어
화폐 콜론
인구 약 513만 명

"왜 그런 이름이 붙었어요?"

"스페인 사람들이 이 땅에 처음 왔을 때 원주민들이 금으로 된 장신구를 주렁주렁 달고 있었대."

"그랬구나!"

"그런데 가는 곳마다 파인애플이 있네요?"

"코스타리카는 세계 최고의 파인애플 수출국이거든."

"아빠!"

"그 눈빛은 얼른 사달라는 뜻이지…?"

반짝

국기를 색칠해요

파란색은 하늘과 인내, 하얀색은 평화와 지혜, 빨간색은 나라를 지키기 위해 국민들이 흘린 피를 나타내요.

Q. 코스타리카 국토 절반을 차지하는 것은?

ㅇㅅㄹ

Q. 코스타리카에서 많이 수출하는 과일은?

ㅍㅇㅇㅍ

아메리카에 있는 나라

아메리카 | 117

콜롬비아
Colombia

수도 보고타
언어 스페인어
화폐 콜롬비아 페소
인구 약 5,126만 명

국기를 색칠해요

노란색은 자원과 정의, 파란색은 바다와 충성, 빨간색은 영웅과 용기를 뜻해요. 에콰도르의 국기와 비슷해요.

Q. 콜롬비아의 수도는?

ㅂㄱㅌ

Q. 콜롬비아의 이름을 따온 탐험가의 이름은?

ㅋㄹㅂㅅ

아메리카에 있는 나라

아메리카 | 118

쿠바
Cuba

수도 하바나
언어 스페인어
화폐 쿠바 페소
인구 약 1,131만 명

하바나

- 여긴 카리브해에서 가장 큰 섬나라 쿠바야.
- 쿠바 하면 춤과 음악이 떠올라요!
- 쿠바 음악이 왜 유명한 거예요?
- 쿠바에 정착한 스페인 사람들은 아프리카에서 노예를 데려왔어.
- 스페인의 라틴 문화, 아프리카의 리듬이 섞여 쿠바 특유의 음악이 발전하기 시작했지.
- 거기에 미국의 재즈 문화까지 섞여 더 완성도 있는 음악이 된 거야.

또 쿠바는 아메리카 대륙에서 유일한 공산주의 국가야.

혁명가였던 체 게바라의 고향이기도 하고.

체 게바라

체 게바라는 빈부격차가 심했던 때 약자의 편에서 싸웠던 사람이죠?

맞아! 쿠바를 얘기할 때 이 사람을 빼놓을 수 없지.

지금도 아메리카 대륙의 사람들이 체 게바라를 존경하고 있어.

다 모르겠고! 난 쿠바 노래가 신난다!

헤헤

국기를 색칠해요

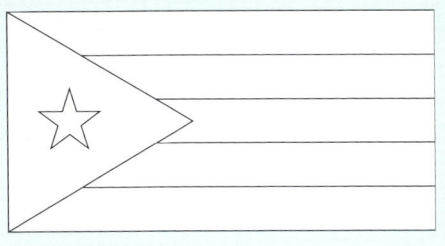

파란색은 바다, 하얀색 빨간색, 별 그림은 독립을 뜻해요.

Q. 스페인과 아프리카의 영향을 받아 발전한 문화는?

ㅋㅂ ㅇㅇ

Q. 쿠바 출신 혁명가로 아메리카 대륙에서 존경받는 사람은?

ㅊㄱㅂㄹ

아메리카에 있는 나라

저기 엄청 큰 댐이 있어요!

이건 이타이푸 댐인데 세계에서 가장 큰 수력발전소야.

떨어지는 물의 힘으로 전기를 만드는구나!

파라과이가 사용하는 전력의 80%가 여기서 나오지.

브라질도 여기서 만들어진 전기의 25%를 가져가!

덩치가 큰 만큼 일도 잘하는 댐이네요!

국기를 색칠해요

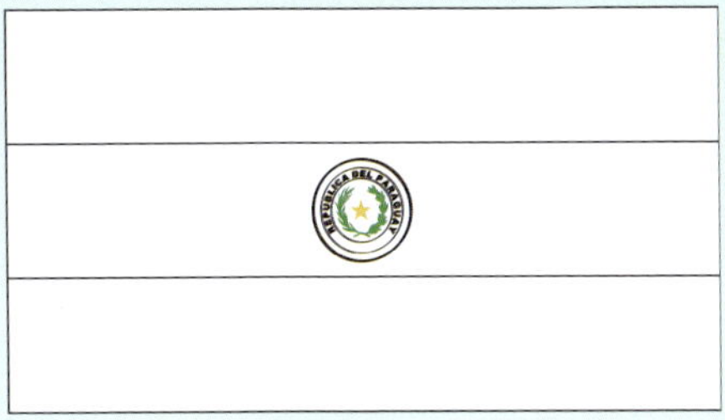

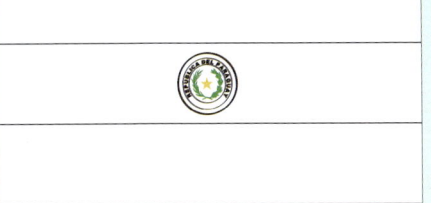

빨간색은 정의, 하얀색은 평화, 파란색은 자유를 의미해요. 파라과이 공화국이라고 쓰여 있는 나라 문장이 있어요.

Q. 파라과이의 유일한 수로인 강은?

ㅍㄹㄴㄱ

Q. 세상에서 가장 큰 수력발전소는?

ㅇㅌㅇㅍ ㄷ

아메리카에 있는 나라

아메리카 | 120

페루
Peru

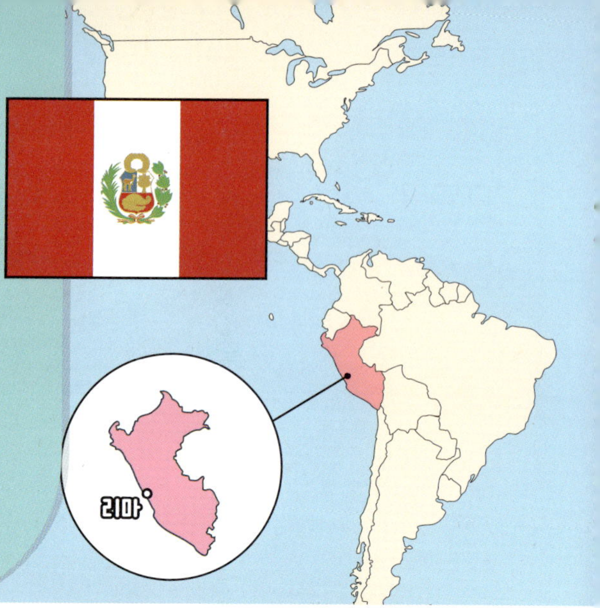

수도 리마
언어 스페인어, 케추아어 아이마라어
화폐 누에보 솔
인구 약 3,335만 명

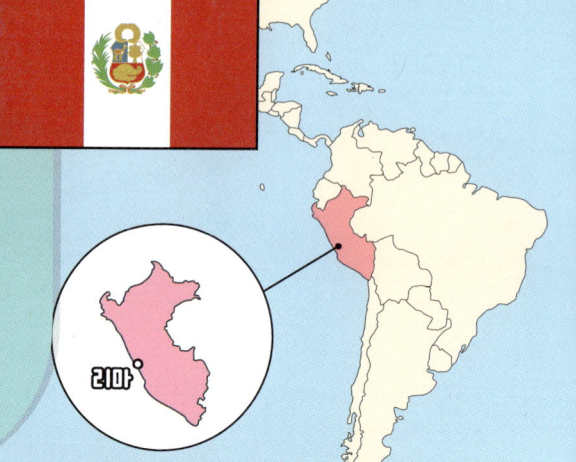

"하긴 산 아래에선 이런 도시가 있을 거라고 상상도 못할 테니까요."

"그럼 어떻게 마추픽추를 다시 찾아낸 거예요?"

"미국의 고고학자가 원주민 소년의 말을 듣고 이곳을 찾아냈어."

"이 외에도 페루의 나스카 평원에는 수백 킬로미터 크기의 그림이 남아 있기도 해."

"그렇게 커다란 그림이 평원에 있다고요?"

"페루는 여러모로 신비한 나라네요."

나스카 라인

국기를 색칠해요

빨간색은 독립을 위해 흘린 피, 하얀색은 평화와 용기를 뜻해요. 가운데 나라의 문장이 있어요.

Q. 페루에 있는 높은 산 봉우리에 잉카제국이 남긴 고대 유적은?

ㅁㅊㅍㅊ

Q. 수백 킬로미터 크기의 그림이 남아 있는 곳은?

ㄴㅅㅋㅍㅇ

아메리카에 있는 나라

퀴즈 정답

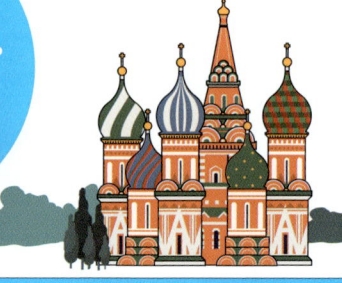

아시아		
001. 네팔	에베레스트산 / 힌두교	
002. 대만	타이베이 / 밀크티	
003 대한민국	한글 / 광화문	
004. 라오스	메콩강 / 파 탓 루앙	
005. 레바논	백향목 / 베알베크 신전	
006. 말레이시아	쿠알라룸프르 / 고무	
007. 몽골	울란바토르 / 게르	
008. 미얀마	쉐다곤 파고다 / 루비	
009. 방글라데시	벵골 호랑이 / 벵골어	
010. 베트남	쌀 / 하롱 베이	
011. 사우디아라비아	리야드 / 메카	
012. 스리랑카	실론 티 / 시리기야	
013. 시리아	우마이야 사원 / 팔미라	
014. 싱가포르	싱가포르 / 머라이언	
015. 아랍에미리트	아부다비 / 부르즈 할리파	
016. 아제르바이잔	카스피해 / 불의 나라	
017. 아프가니스탄	카불 / 힌두쿠시 산맥	
018. 예멘	사나 / 모카 커피	
019. 요르단	암만 / 페트라	
020. 우즈베키스탄	타슈켄트 / 이중 내륙국	
021. 이라크	메소포타미아 문명 / 바빌	
022. 이란	페르시아 제국 / 이스파한	
023. 이스라엘	통곡의 벽 / 탈무드	
024. 인도	카레 / 타지마할	

025.	인도네시아	자카르타 / 발리
026.	일본	초밥 / 후지산
027.	조지아	와인 / 캅카스산맥
028.	중국	만리장성 / 판다
029.	카자흐스탄	빅 알마티 호수 / 카자흐 초원
030.	카타르	도하 / 더 펄
031.	캄보디아	앙코르 와트 / 킬링 필드
032.	쿠웨이트	사막 / 쿠웨이트 타워
033.	태국	방콕 / 왓아룬
034.	튀르키예	케밥 / 카파도키아
035.	파키스탄	파키스탄 / 인더스강
036.	필리핀	마닐라 / 화산

유럽

037.	그리스	아테네 / 파르테논 신전
038.	네덜란드	튤립 / 풍차
039.	노르웨이	오로라 / 피오르
040.	덴마크	레고 / 안데르센
041.	독일	쾰른 성당 / 자동차 산업
042.	러시아	시베리아 횡단 철도 / 성 바실리 대성당
043.	루마니아	브란 성 / 동방 정교회
044.	룩셈부르크	룩셈부르크 / 철광석
045.	리투아니아	팔랑가 해변 / 가톨릭
046.	모나코	모나코 / 관광 산업
047.	몰타	몰티즈 / 절벽
048.	바티칸	교황령 / 성 베드로 성당
049.	벨기에	와플 / 그랑 플라스
050.	북마케도니아	스코페 / 오흐리드 호수
051.	불가리아	장미 / 요구르트
052.	스웨덴	노벨상 / 백야
053.	스위스	알프스산맥 / 중립국
054.	스페인	사그리다 파밀리아 / 올리브
055.	슬로바키아	브라티슬라바 / 스키
056.	슬로베니아	블레드 호수 / 송어

057.	아이슬란드	블루 라군 / 고래
058.	아일랜드	모허 절벽 / 성 패트릭의 날
059.	알바니아	티라나 / 베라트
060.	에스토니아	탈린 / 비루 게이츠
061.	영국	빅벤 / 윌리엄 셰익스피어
062.	오스트리아	모차르트 / 합스부르크 왕조
063.	우크라이나	키예프 / 평야
064.	이탈리아	로마 / 미켈란젤로
065.	체코	프라하 성 / 마리오네트
066.	크로아티아	자그레브 / 플리트비체 국립공원
067.	포르투갈	대서양 / 벨렘탑
068.	폴란드	바르샤바 / 비엘리치카 소금 광산
069.	프랑스	에펠탑 / 프랑스 혁명
070.	핀란드	사우나 / 산타클로스
071.	헝가리	부다페스트 / 다뉴브강

아프리카

072.	가나	아크라 / 카카오
073.	나이지리아	나이지리아 / 축구
074.	남아프리카공화국	희망봉 / 아프리카 펭귄
075.	르완다	천 개의 언덕을 가진 땅 / 산악 고릴라
076.	리비아	지중해 / 가다메스
077.	마다가스카르	바오바브 나무 / 카멜레온
078.	모로코	스페인 / 하산 이세 모스크
079.	모리셔스	포트루이스 / 바다 폭포
080.	세네갈	땅콩 / 고레섬
081.	소말리아	모가디슈 / 아프리카의 뿔
082.	수단	메로에섬 / 남수단
083.	알제리	카스바 / 사하라 사막
084.	에티오피아	아디스아바바 / 커피
085.	우간다	빅토리아 호수 / 바나나
086.	이집트	피라미드 / 상형문자
087.	중앙아프리카공화국	다이아몬드 / 프랑스
088.	짐바브웨	빅토리아 폭포 / 그레이트 짐바브웨
089.	카메룬	야운데 / 아프리카의 축소판

090.	케냐	케냐산 / 나이로비 국립공원
091.	코트디부아르	야무수크로 / 상아 해안
092.	콩고공화국	브라자빌 / 콩고 분지
093.	탄자니아	킬리만자로산 / 세렝게티 국립공원

오세아니아

094.	뉴질랜드	마오리족 / 키위새
095.	솔로몬제도	다섯 개 / 군함
096.	호주	오페라 하우스 / 캥거루
097.	통가	누쿠알로파 / 아호에이투
098.	파푸아뉴기니	영어 / 싱싱 축제
099.	피지	사탕수수 / 무인도

아메리카

100.	과테말라	마야 문명 / 화산
101.	도미니카공화국	산토도밍고 / 야구
102.	멕시코	아즈텍 문명 / 타코
103.	미국	워싱턴 디시 / 자유의 여신상
104.	바하마	나소 / 버뮤다 삼각지대
105.	베네수엘라	카라카스 / 안데스 산맥
106.	볼리비아	라파스 / 우유니 소금 사막
107.	브라질	아마존 / 삼바
108.	아르헨티나	이구아수 폭포 / 빙하
109.	에콰도르	적도 / 갈라파고스 제도
110.	엘살바도르	산살바도르 / 불의 고리
111.	온두라스	스페인어 / 코판 유적
112.	우루과이	몬테비데오 / 팜파스
113.	자메이카	레게 / 우사인 볼트
114.	칠레	산티아고 / 모아이 석상
115.	캐나다	오타와 / 단풍나무
116.	코스타리카	원시림 / 파인애플
117.	콜롬비아	보고타 / 콜럼버스
118.	쿠바	쿠바 음악 / 체 게바라
119.	파라과이	파라나강 / 이타이푸 댐
120.	페루	마추픽추 / 나스카 평원

바로 알고, 바로 쓰는
『빵빵한 어린이 맞춤법』

글 : 현상길
그림 : 박빛나

이 「빵빵한 어린이 맞춤법」은 어릴 때부터 바른 우리말을 잘 알고 쓸 수 있도록 도움을 주기 위해 만들어졌습니다. 이 책은 어린이들에게 우리의 일상생활에서 많이 쓰이면서도 자주 틀리거나 헷갈리는 어휘들을 한글 맞춤법에 맞도록 올바로 알게 하고, 곧바로 쓸 수 있게 도와줄 것입니다. 또한 모든 공부의 기초가 되는 어휘력을 향상시켜 학습에 자신감을 심어 줄 것입니다.

이 책은 일상생활에서 많이 틀리거나 헷갈리는 우리말 어휘 120개를 엄선하였습니다. 그리고 이 어휘들을 아이들의 가정생활이나 학교생활 등에서 실제로 활용하는 장면을 재미있는 그림으로 보여 주고, 어휘의 뜻과 풀이를 달아 주어 누구나 쉽게 익힐 수 있도록 내용을 편성하였습니다.

■ 이 책의 좋은 점
- 아이들과 친근한 '빵'과 관련된 캐릭터가 등장함으로써 책과 쉽게 친해지게 됩니다.
- 아이들의 일상생활 장면을 통해 틀리거나 헷갈리는 어휘를 올바로 알고 쓸 수 있게 됩니다.
- 모든 공부의 기초가 되는 어휘력 향상을 통해 쓰기 학습에 자신감을 심어 줍니다.
- 가족 간의 자연스러운 대화를 통해 바른 인성을 기르는 데에도 도움을 줍니다.

바로 알고, 바로 쓰는
『빵빵한 어린이 관용어』

글 : 현상길
그림 : 박빛나

이 「빵빵한 어린이 관용어」는 어릴 때부터 우리말의 표현법을 잘 알고 쓸 수 있도록 도움을 주기 위해 만들어졌습니다. 이 책은 어린이들에게 우리의 일상생활에서 많이 쓰이는 관용어들의 뜻을 바르게 알고, 곧바로 쓸 수 있게 도와 줄 것입니다.

이 책은 일상생활에서 많이 쓰이는 우리말 관용어 120개를 엄선하였습니다. 그리고 이 관용어들을 아이들의 가정생활이나 학교생활 등에서 실제로 활용하는 장면을 재미있는 그림으로 보여 주고, 관용어의 뜻과 풀이를 달아 주어 누구나 쉽게 익힐 수 있도록 내용을 편성하였습니다.

■ **이 책의 좋은 점**
- 아이들과 친근한 '빵'과 관련된 캐릭터가 등장함으로써 책과 쉽게 친해지게 됩니다.
- 아이들의 일상생활 장면을 통해 관용어들의 사용법을 올바로 알고 쓸 수 있게 됩니다.
- 모든 공부의 기초가 되는 우리말 어휘력과 말하기 표현력을 향상시켜 줍니다.
- 가족 간, 친구 간의 자연스러운 대화를 통해 바른 인성을 기르는 데에도 도움을 줍니다.

바로 알고, 바로 쓰는
『빵빵한 어린이 사자성어』

글 : 현상길
그림 : 박빛나

이 「빵빵한 어린이 사자성어」는 어릴 때부터 모든 공부의 기초가 되는 어휘력, 표현력, 사고력을 키워 주고, 바른 인성을 기르는 데 도움을 주기 위해 만들어졌습니다. 이 책은 어린이들에게 일상생활에서 많이 쓰이는 사자성어들의 뜻을 바르게 알고, 곧바로 쓸 수 있도록 도와줄 뿐만 아니라, 한자의 뜻과 음도 같이 익힐 수 있게 해 줄 것입니다.

일상생활에서 많이 쓰이는 사자성어 120개를 엄선, 수록하였습니다. 이해력을 높이기 위해 사자성어의 기본 뜻과 속뜻을 함께 제시하였으며, 한자의 음과 뜻, 사자성어의 유래를 쉽게 설명하고 있습니다. 그리고 이 사자성어들을 학교와 가정에서 실제로 활용하는 장면을 친근하고 재미있는 그림으로 보여 주고, 그 의미를 자세히 풀이해 줌으로써 쉽게 익혀 바로 쓸 수 있도록 내용을 편성하였습니다.

■ 이 책의 좋은 점
- 어린이들과 친근한 '빵'과 관련된 캐릭터들이 등장함으로써 책과 쉽게 친해질 수 있습니다.
- 가정과 학교 등 일상생활 장면을 통해 사자성어의 의미를 올바로 알고 쓸 수 있게 됩니다.- 모든 공부의 기초가 되는 어휘력, 표현력, 사고력을 향상시켜 줍니다.
- 기본 한자들의 뜻과 음을 익힐 수 있어 학습력 향상에 도움을 줍니다.
- 가족이나 친구 사이의 대화를 통해 바른 인성과 가치관의 형성에도 도움을 줍니다.